跨境电子商务运营中的品牌建设与推广研究

周 婧 著

中国商业出版社

图书在版编目(CIP)数据

跨境电子商务运营中的品牌建设与推广研究 / 周婧著. -- 北京 : 中国商业出版社, 2024. 8. -- ISBN 978-7-5208-3080-5

Ⅰ. F713.365.1

中国国家版本馆 CIP 数据核字第 2024SW6082 号

责任编辑:郑　静

中国商业出版社出版发行

(www.zgsycb.com　100053　北京广安门内报国寺 1 号)

总编室:010－63180647　编辑室:010－63033100

发行部:010－83120835/8286

新华书店经销

北京虎彩文化传播有限公司印刷

*

787 毫米×1092 毫米　16 开　8.75 印张　149 千字

2024 年 8 月第 1 版　2024 年 8 月第 1 次印刷

定价:45.00 元

*　*　*　*

(如有印装质量问题可更换)

前 言

随着经济全球化和互联网技术的飞速发展，跨境电子商务已经成为推动全球贸易发展的重要力量。在这一背景下，品牌建设与推广，关系到跨境电商企业的市场定位、竞争优势以及企业长期发展。近年来，跨境电商市场的竞争日益激烈，跨境电商企业需要应对多语种、多平台、多渠道的运营环境，这对品牌的传播和推广提出了更高的要求。因此，企业需要制定针对性的品牌建设与推广策略，根据目标市场的特点和消费者的需求，进行市场调研、品牌定位、产品策略、传播渠道选择等方面的规划和实施。

本书从跨境电子商务概述出发，对品牌建设的基础理论进行了阐述，提出了跨境电子商务运营中的品牌建设策略，分析了跨境电子商务运营中的品牌推广渠道与方法。希望通过本书的介绍，能够为读者在跨境电子商务中的品牌建设与推广方面提供帮助。

本书主要汇集了笔者在工作、实践中取得的一些研究成果。在撰写过程中，笔者参阅了相关文献资料，在此，谨向其作者深表感谢。

由于笔者水平有限，加之时间仓促，书中难免存在一些不足和疏漏，敬请广大读者批评指正。

周　婧

2024 年 6 月

目　录

第一章　跨境电子商务概述

第一节　跨境电子商务的基础知识

一、跨境电子商务的内涵

跨境电子商务是伴随互联网技术发展而兴起的新型国际贸易方式，它突破了传统贸易的时空限制，极大地拓展了全球贸易的范围和深度。

跨境电子商务是指分属不同关境的交易主体，通过电子商务平台达成交易、进行支付结算，并通过跨境物流送达商品、完成交易的一种国际商业活动。这一概念包含了几个关键要素：一是交易主体跨境属性，买卖双方分属不同关境、受不同法律管辖；二是交易平台线上属性，交易各环节通过第三方电子商务平台完成；三是支付结算跨境属性，资金通过银行或支付机构跨境划转；四是物流配送跨境属性，商品通过国际物流渠道进行跨境运输和配送。这些要素共同构成了跨境电商区别于传统贸易和国内电商的本质特征。

二、跨境电子商务的特点

（一）无国界性

跨境电子商务突破了地理界限，使企业能够触达全球消费者，大大拓展了市场范围。过去，国际贸易主要依赖于线下渠道，企业需要在目标市场设立分支机构或与当地代理商合作，才能将产品销往海外。这种模式成本高昂，周期漫长，对中小企业而言难以承担。跨境电商平台的出现，为企业提供了一个低门槛、高效率的全球化途径。通过在跨境电商平台开设网店，企业可以直接面向全球消费者销售产品，无需中间环节，极大地降低了进入国际市场的成本和难度。同时，跨境电商平台集聚了海量的全球买家，为卖家提供了巨大的潜在客户群体。企业只需投入少量资源进行店铺运营和推广，就有机会接触到成百上千万的海外消费者，迅速扩大销售规模和品牌影响力。

跨境电商的无国界特性不仅体现在销售端，也渗透到采购、生产等价值链的各个环节。在原材料采购方面，企业可以利用跨境 B2B 平台寻找全球范围内的优质供应商，降低采购成本，提升产品竞争力。在产品生产方面，企业可以借助跨境电商平台将生产任务分包给海外工厂，实现全球化的柔性制造。这种“全球采购、全球销售”的运营模式，使得企业能够充分利用全球资源，优化配置要素，提高经营效率和利润水平。随着互联网技术的不断发展和物流体系的日益完善，跨境电商的无国界优势将进一步凸显。5G、人工智能、区块链等新一代信息技术的应用，将使跨境电商平台的功能更加强大，用户体验更加流畅，交易过程更加智能化和个性化。同时，跨境物流时效的缩短和成本的下降，也将推动更多中小企业加入跨境电商的行列，加速全球市场的融合与一体化进程。

（二）时效性强

实时性和便捷性是跨境电子商务区别于传统贸易模式的重要特征。在数字化时代，互联网技术的广泛应用极大地提升了跨境交易的效率。通过电子商务平台，买卖双方可以实现信息的即时共享和互动，打破了时间和空间的限制。卖家能够随时更新商品信息，展示最新的产品和服务；买家则可以便捷地浏览商品目录，实时比较价格，迅速下单购买。这种高效的信息交互模式大大缩短了交易周期，提高了跨境贸易的时效性。

与传统的线下交易相比，跨境电商的在线交易流程更加简洁和自动化。从商品选购、下单支付到物流配送，整个过程都可以通过电子商务平台一站式完成。买家无需亲自前往实体店铺，也无需与卖家进行面对面的沟通和谈判，只需简单的鼠标点击和键盘输入就能完成整个交易。同时，跨境电商平台通常会提供标准化的交易流程和一系列配套服务，如在线支付、订单管理、物流跟踪等，进一步简化了交易环节，提升了用户体验。这种便捷的交易方式不仅为买卖双方节省了时间和精力，也降低了交易成本，使得跨境贸易更加高效和经济。

（三）本地化

所谓本地化，是指跨境电商企业根据目标市场的语言、文化、消费习惯等特点，对产品、服务、营销策略等进行适应性调整，以更好地满足当地消费者的需求。事实上，跨境电商虽然突破了地理边界，但并未消除文化差异。不同国家和地区的消费者在语言习惯、审美偏好、购物行为等方面存在显著差异。如果跨境电商企业无视这些差异，一味地将本土市场的做法照搬到海外，势必会引起消费者的不适和抵触，导致市场开拓受阻。相反，如果企业能够深入了解目标市场的文化特点，并据此调整经营策略，就能更好地赢得当地消费者的认可和信赖。

本地化意味着跨境电商企业需要根据目标市场的消费偏好，对产品的设计、包装、售后服务等进行针对性调整。例如，在尺码标准方面，不同国家和地区往往采用不同的体系，如果跨境电商企业未能及时调整，就可能导致消费者选错尺码，引发大量退换货。除了产品本身，本地化还涉及售后服务的提供方式。在跨文化背景下，消费者对售后服务的期望存在差异。有的消费者习惯通过电话热线获得帮助，有的则青睐在线客服，还有的偏好前往实体店面咨询。跨境电商企业只有根据目标市场的实际情况，因地制宜地提供售后服务，才能真正满足消费者的需求。

本地化意味着跨境电商企业需要根据目标市场的文化习俗、节日习惯等，制定差异化的促销方案。例如，在节日营销方面，中国的传统佳节如春节、元宵节等，与西方国家的节日等在时间点、庆祝方式上存在明显不同。如果跨境电商企业能够抓住这些差异，推出契合当地文化的节日促销活动，就能更好地吸引消费者的注意力，刺激其购买欲望。又如，在社交媒体营销方面，不同国家和地区的消费者对社交平台的偏好存在差异。中国消费者可能更倾向于使用本土社交媒体，而欧美消费者则可能偏爱国际主流社交平台。跨境电商企业只有根据目标市场的实际情况，选择合适的社交媒体渠道开展营销，才能真正触达潜在消费者。

本地化意味着跨境电商企业需要根据目标市场的消费者需求，对品牌形象、品牌故事等进行适应性调整。不同国家和地区的消费者对品牌的认知和期待存在差异。有的消费者更青睐彰显个性、张扬自我的品牌；有的消费者更青睐体现社会责任、回馈社会的品牌。跨境电商企业只有深刻了解目标市场的消费者需求，并在此基础上塑造契合当地文化的品牌形象，才能真正赢得消费者的认同和信赖。事实上，许多跨国公司之所以能够在全球市场取得成功，很大程度上缘于其出色的品牌本地化能力。他们深谙不同市场的文化差异，并据此调整品牌定位、品牌传播策略，从而在各个市场都建立了良好的品牌形象。

三、跨境电子商务的优势

（一）成本优化

跨境电商平台为卖家提供了低成本、高效率的业务拓展渠道。卖家只需在平台上开设店铺，即可借助平台的流量优势触达全球消费者，无需在目标市场设立实体机构，大幅降低了前期投资和运营成本。

跨境电商平台凭借数字化运营模式，实现了业务流程的自动化和智能化，进一步提升了运营效率，降低了人力成本。例如，某电商平台为卖家提供智能推广、在线客服、多语言商品信息管理等一站式服务，帮助卖家高效开展跨境业务。平台还引入大数据分析技术，为卖家提供精准营销工具，助力其提升销售转化率，降低获客成本。

跨境电商与第三方物流服务商的紧密协作，也有效降低了卖家的仓储和物流成本。许多跨境电商平台与全球知名物流企业达成战略合作，为卖家提供仓储、运输、清关、配送等一体化解决方案。这种模式使卖家无需自建海外仓，也无需与不同国家的物流商逐一谈判，降低了物流环节的复杂性和成本。部分平台还推出了“海外仓”服务，卖家只需将商品批量发往海外仓，平台就能为其提供本地化配送，既节约了国际运输费用，又提升了配送时效，带来更好的消费者体验。

跨境电商平台还积极拓展上游产业链，为中小卖家赋能，帮助其降低采购成本。以某地的小商品为例，当地许多中小制造企业受限于资金、渠道等因素，难以直接对接跨境电商平台。为破解这一难题，该地区成立了“易家购”等跨境电商产业园，整合上游优质供应链资源，为中小卖家提供小批量、多批次的现货采购服务，有效降低了卖家的采购成本和库存压力。

（二）市场多元化

与传统国际贸易相比，跨境电商打破了地域限制，为企业开拓全球市场提供了更加便捷、高效的渠道。通过跨境电商平台，企业可以接触到来自世界各地的潜在消费者，极大地拓宽了目标市场的范围。这种市场多元化不仅为企业带来了更多的销售机会，也有助于分散经营风险，提高企业的抗风险能力。

从消费者需求的角度来看，不同国家和地区的消费者在文化背景、消费习惯、审美偏好等方面存在差异。跨境电商为企业提供了深入了解和研究全球消费者需求的机会。通过大数据分析等技术手段，企业可以精准把握不同市场的消费特点，有针对性地开发适销对路的产品，制定差异化的营销策略。这种基于市场细分的产品和营销创新，能够更好地满足消费者的个性化需求，提升客户满意度和忠诚度。

跨境电商平台为中小企业提供了一个相对公平的竞争环境。通过电商平台，中小企业可以直接面向全球消费者，以更低的成本、更灵活的方式开拓海外市场。这不仅有利于中小企业的成长和发展，也为消费者提供了更多样化的产品选择。

市场多元化还有利于促进产业升级和结构优化。面对多元化的市场需求，企业必须不断创新产品和服务，提升产品附加值和核心竞争力。这种创新驱动的发展模式，有助于推动传统产业转型升级，促进产业结构优化，培育新的经济增长点。同时，企业在参与全球市场竞争的过程中，也能够学习和借鉴国际先进经验，提升自身的管理水平和国际化经营能力。

（三）提升消费者体验

随着全球化进程的加速和消费者需求的日益多样化，跨境电商不仅要提供优质的商品和服务，还要通过优化用户体验，提升消费者的满意度和忠诚度。这既是跨境电商实现可持续发展的内在要求，也是其在激烈的市场竞争中赢得主动的必由之路。

1. 功能设计

跨境电商平台应该提供清晰、简洁、易用的界面布局和操作流程。繁杂的页面元素、复杂的交互步骤都会影响用户体验，降低消费者的购物热情，而直观的视觉设计、便捷的导航机制、个性化的推荐算法，能够帮助消费者快速找到心仪的商品，激发其购买欲望。同时，完善的售后服务体系，如及时的订单跟踪、灵活的退换货政策、周到的客户关怀，也是提升用户满意度不可或缺的环节。

2. 文化适应

跨境电商平台应该尊重不同国家和地区消费者的风俗习惯和审美偏好。在商品选择、营销策略、品牌塑造等方面，要充分考虑目标市场的本土化需求。一方面，要深入了解当地消费者的心理特点和行为偏好，为其提供契合需求的产品和服务；另一方面，要因地制宜地调整营销方式和传播内容，用消费者听得懂、记得住、信得过的方式传递品牌理念和产品价值。唯有如此，才能真正赢得消费者的认同和信赖，实现跨文化背景下的用户满意。

3. 情感连接

跨境电商平台应该注重与消费者建立情感纽带，让其感受到来自品牌的关爱和尊重。这就要求平台不仅要提供优质的产品和服务，还要通过人性化的设计和互动，拉近与消费者的心理距离。例如，在特殊节日为消费者送上祝福、在购物过程中提供贴心的引导、在售后服务中展现真诚的态度，都能够增强消费者对平台的情感认同，提升其满意度和忠诚度。消费者对平台产生了深厚的情感，便会自然而然地成为品牌的忠实拥趸和口碑传播者。

第二节　跨境电子商务的主要模式

一、B2B 模式

（一）B2B 模式的定义及特点

跨境电子商务 B2B 模式是指企业与企业之间通过互联网开展的跨境贸易活动。与传统的国际贸易模式相比，B2B 模式具有便捷高效、全球化程度高、交易成本低等显著特点。在 B2B 模式下，企业可以突破地域限制，利用互联网平台与全球范围内的供应商和采购商直接对接，实现供需信息的实时共享和匹配。这不仅大大拓宽了企业的采购渠道和销售市场，也显著提高了贸易效率，缩短了交易周期。

B2B 模式能够有效降低企业的交易成本。传统国际贸易往往需要经过多个中间环节，如代理商、分销商等，而每一个环节都会产生额外的成本和费用。B2B 模式则通过互联网实现了供需双方的直接对接，减少了中间环节，从而大幅降低了交易成本。此外，B2B 平台还提供了在线支付、物流跟踪等配套服务，进一步提升了交易的便捷性和安全性。

B2B 模式为中小企业参与国际贸易提供了更多机会。在传统贸易模式下，中小企业往往难以独立开拓国际市场，而 B2B 平台为它们提供了一个展示自己、接触客户的窗口。通过 B2B 平台，中小企业可以低成本、高效率地进行海外推广，寻找合作伙伴，扩大业务规模。这不仅有利于中小企业的成长，也为跨境电商的繁荣发展注入了新的活力。

（二）B2B 模式下的交易流程

跨境 B2B 交易作为跨境电子商务的重要组成部分，对促进国际贸易发展、推动企业“走出去”具有重要意义。B2B 模式下的交易流程较为复杂，涉及信息发布、询盘、报价、合同签订、支付、物流、清关等多个环节。每一环节的高效运转都需要买卖双方的密切配合和专业服务商的介入。

具体来看，在信息发布阶段，供应商需要在 B2B 平台上准确、全面地发布产品信息，包括产品规格、价格、交货期等关键要素。这就要求供应商对自身产品有深入的了解，能够提炼出产品的核心卖点。同时，供应商还需要对目标市场有所研究，根据市场需求调整产品信息的呈现方式。

当买家通过搜索、推荐等方式找到心仪产品后，就会向供应商发出询盘，了解更多产品细节，这一阶段的关键是高效的信息互动。供应商要及时回复买家的问询，提供专业、详尽的产品资料，必要时还需提供样品以帮助买家做出决策。买家则需明确自身需求，提出针对性的问题。双方还可以就定制化需求进行深入沟通。

达成初步购买意向后，买卖双方进入报价和合同签订阶段。供应商根据产品成本、市场行情、买家采购量等因素提供报价，买家则根据自身预算和其他供应商的报价进行比较、议价。这一过程往往需要多轮沟通、谈判，直至达成一致。在签订合同时，双方要特别注意权利义务条款、交货期限、支付方式、违约责任等关键内容，以防后续纠纷。

签订合同后，买家选择合适的支付方式向供应商付款。跨境 B2B 交易中，信用证、电汇、在线支付是常见的支付方式。付款完成后，供应商安排生产并交付货物给物流服务商。物流环节对跨境 B2B 交易的时效性和安全性至关重要。供应商需选择可靠的物流服务商，全程跟踪货物状态，及时同买家沟通。同时，供应商还要准备好相关单证，配合物流服务商完成清关手续。

货物抵达目的地后，买家验收货物，确认无误后通知供应商收款。至此，一笔跨境 B2B 交易宣告完成。但交易双方的关系并未终止。供应商还需提供必要的售后服务，及时处理买家反馈的问题。买家如对产品满意，还可能产生后续的采购需求。

（三）B2B 模式面临的挑战与对策

在跨境 B2B 贸易中，企业面临着一些挑战，如文化差异、语言障碍、物流运输等。这些问题如果不能得到有效解决，将严重制约企业的国际化发展。

1. 文化差异

不同国家和地区在风俗习惯、社交礼仪等方面存在显著差异，这些差异往往会导致交易双方在沟通和谈判中产生误解和分歧，影响合作关系的建立和维系。为了克服文化差异带来的障碍，企业需要深入了解目标市场的文化特点，尊重当地的风俗习惯，并在交易过程中保持开放、包容的心态。同时，企业还应加强跨文化沟通能力建设，培养一批熟悉国际商务规则、精通外语的复合型人才。

2. 语言障碍

在国际贸易中，英语是最为通用的商务语言，但并非所有国家的企业都能熟练运用英语进行交流。语言不通可能会导致信息传递不畅，影响贸易谈判的效率和成果。为了克服语言障碍，企业应着力提升员工的语言能力，特别是那些直接参与国际贸易的业务人员。此外，企业还可借助专业的翻译服务机构，确保与客户的沟通准确无误。

3. 物流运输

由于各国的基础设施条件、通关手续、运输方式等存在差异，跨境物流往往面临时间长、费用高、风险大等问题。为了提高物流效率，降低运输成本，企业可以采取以下策略：第一，选择合适的国际物流服务商，借助其全球化网络和专业化服务，提升物流时效；第二，简化通关流程，充分利用自由贸易协定等优惠政策，降低关税成本；第三，灵活运用多式联运等先进的运输组织方式，提高运输效率；第四，加强供应链管理，优化库存控制和订单处理流程，降低物流成本。

二、B2C 模式

（一）B2C 模式的定义及特点

跨境 B2C 电子商务指的是商家直接面向海外消费者，通过互联网平台销售商品或服务的商业模式。与传统的跨境贸易相比，跨境 B2C 模式具有更加灵活、便捷、高效的特点。在这一模式下，商家可以借助电商平台快速触达全球消费者，并根据消费者的个性化需求提供定制化的产品和服务。

跨境 B2C 模式具有信息化程度高的特点。商家通过互联网技术收集、分析消费者数据，精准把握消费趋势和偏好，从而优化产品设计、营销策略和服务方案。大数据、人工智能等前沿技术的应用，进一步提升了跨境 B2C 模式的智能化水平，使商家能够更加高效地管理库存、物流、客户关系等环节。

（二）B2C 模式的营销策略

1. 产品本土化

跨境电商企业要深入研究目标市场的消费习惯、审美偏好等，根据当地需求调整产品设计、包装、功能等。只有提供契合本土消费者需求的产品，才能赢得市场青睐。例如，某跨境电商通过大数据分析全球消费者的搜索和购买行为，不断优化产品设计，推出符合各国潮流趋势的时尚服饰，从而实现了全球范围内的快速扩张。

2. 打造自有品牌

跨境电商企业要注重打造自有品牌，提升品牌知名度和美誉度。这需要企业持续投入品牌营销，通过社交媒体、线上线下活动等多种方式，向海外消费者传递品牌理念和产品价值。例如，某美妆企业通过与海外知名博主合作，在多个平台发布种草笔记和美妆教程，成功吸引了大量年轻消费者，跻身知名跨境美妆品牌行列。

3. 精准投放广告

跨境电商企业要充分利用大数据技术，对消费者画像进行细分，实现广告的精准投放。根据消费者的人口统计学特征、兴趣爱好、行为习惯等，在其常用的社交媒体、搜索引擎、网站等平台投放定制化广告，可以大大提高广告的点击率和转化率。例如，某跨境美妆品牌通过精准广告投放，实现了营销费用的高效率利用，客单价和复购率显著提升。

4. 提供优质的客户服务

跨境电商面临语言、物流、售后等一些挑战，需要企业提供全天候、多语种的客服支持，及时解决消费者的疑虑和问题。完善的退换货机制、快速的物流配送、人性化的售后服务，都是提升客户满意度和忠诚度的有效途径。

（三）B2C 模式的物流与配送

在跨境电子商务 B2C 模式下，物流与配送环节对于企业的成功运营和消费者的购物体验起着至关重要的作用。

高效、可靠的物流配送是 B2C 模式下商家赢得消费者信任、建立品牌忠诚度的关键。消费者通过网络平台下单购买商品后，最为关注的就是商品能否及时送达。如果商家能够提供快速、准确的配送服务，不仅能够提高消费者的满意度，还能提升其对商家的信任和忠诚，为企业赢得良好的口碑和更多的回头客。相反，如果配送频繁延误、商品损毁，则会直接导致客户流失，甚至引发负面评价，对商家声誉造成严重损害。

B2C 模式下的物流配送直接影响着商家的运营成本和利润空间。跨境电商往往涉及长距离运输和复杂的通关环节，物流成本在商品销售价格中占据了相当大的比重。因此，商家需要通过优化物流方案、与优质物流供应商建立战略合作等方式，在保证配送时效和质量的同时尽可能降低物流成本。只有控制好物流这一关键环节，商家才能在激烈的市场竞争中获得价格优势，实现利润最大化。

灵活多样的配送方式也是 B2C 模式下提升客户体验的重要途径。随着消费者需求的日益多元化，商家需要根据不同商品特性、客户偏好提供差异化的物流服务。例如，对于易损易耗品，可以提供冷链配送；对于贵重商品，可以选择安全级别更高的物流方案；节日期间还可以推出定时送达等个性化服务。这些举措能够最大化地满足消费者的需求，提升其购物体验和满意度。

物流配送的信息化、智能化水平也是 B2C 模式下商家核心竞争力的体现。通过引入智能仓储系统、运输管理系统、实时跟踪系统等现代物流信息技术，商家能够实现订单全流程的可视化管理，提高配送效率，降低人工成本。消费者也能够实时掌握商品的配送状态，增强其对配送过程的可控感和安全感。

建立完善的售后服务体系是 B2C 模式下物流配送不可或缺的一环。商品配送到消费者手中并非销售过程的终点，商家还需要妥善处理因配送环节而可能引发的售后问题，如商品错发、延误、损坏等。完善的退换货机制、便捷的返修渠道、积极主动的赔偿措施，都是优质售后服务的关键要素。只有让消费者在购物全流程中都能感受到商家的专业和尽责，才能真正赢得他们的认可和信赖。

三、C2C 模式

（一）C2C 模式的定义及特点

C2C 模式是跨境电子商务的一种重要形式，它指的是消费者对消费者之间通过第三方平台开展的跨境商品交易活动。与传统的 B2B、B2C 模式相比，C2C 模式具有以下特点。

1. C2C 模式极大降低了个人卖家进入跨境电商市场的门槛

在这一模式下，任何拥有闲置商品或手工艺品的个人都可以通过电商平台向全球买家销售，无需注册公司或缴纳高额保证金，这为普通民众参与全球贸易提供了便利。

2. C2C 模式能够满足消费者个性化、多样化的购物需求

与品牌商家提供的标准化产品不同，C2C 卖家往往售卖独特的手工艺品、古董收藏品等小众商品，这些商品能够吸引追求个性的消费者，带来与众不同的购物体验。

3. C2C 模式有利于促进文化交流和民间友好

当不同国家的消费者通过网络平台建立联系，开展交易往来时，他们不仅仅是在买卖商品，更是在交流彼此的生活方式和文化特色。这种跨国界的民间互动有助于增进不同民族之间的了解和友谊。

C2C 模式也面临着一些风险。由于交易双方都是个人，缺乏品牌商家的信用背书，因此在产品质量、售后服务等方面难以提供有力保障。这就要求电商平台加强对 C2C 卖家的资质审核和交易监管，建立完善的评价体系和纠纷解决机制，为买卖双方营造安全、信任的交易环境。

（二）C2C 平台的运营机制

C2C 平台面向的是广大的个人卖家和买家，其运营涉及交易撮合、信用管理、争议仲裁等多个环节，对平台的运营能力提出了更高要求。

1. 建立完善的用户管理体系

这包括严格的身份认证机制，确保平台上的交易主体都是真实存在的个人；以及科学的信用评价体系，通过买卖双方的互评，客观反映每个用户的信用状况，营造诚信交易的氛围。只有在可信的环境中，C2C 交易才能健康持续地开展下去。

2. 提供丰富、便捷的交易功能

这既包括常规的商品发布、搜索、询价等基本功能，也包括在线支付、物流追踪、售后服务等配套服务。尤其是在跨境交易中，由于买卖双方身处不同国家和地区，平台需要集成多种支付方式，对接不同的物流渠道，才能真正实现“全球买、全球卖”。同时，平台还应积极引入第三方服务，如翻译、清关、保险等，为用户提供一站式的交易体验。

3. 完善的交易规则和保障机制

平台需要制定明确、细致的交易规则，规范商品信息发布、交易流程、纠纷处理等各个环节，维护公平有序的交易。当交易双方发生争议时，平台还需要建立透明、高效的纠纷解决机制，通过协商、调解、仲裁等方式，及时化解矛盾，保护买卖双方的合法权益。只有让用户对交易安全放心，平台才能赢得信任，吸引更多的交易。

4. 平台的品牌营销策略

成功的跨境 C2C 平台，不仅要吸引广大的个人卖家入驻，更要通过营销推广吸引全球买家。这就需要平台针对不同国家和地区，开展有针对性的品牌营销活动，提升平台知名度和美誉度。同时，平台还可以通过与海外电商、支付、物流等机构合作，整合全球营销资源，打造自己的国际品牌形象。

5. 数据分析和应用能力

跨境 C2C 平台要建立完善的数据管理系统，采集、分析平台上的海量交易数据，挖掘用户行为特征和偏好，进而优化平台功能，改进营销策略，为用户提供个性化的服务。大数据驱动的精准营销和智能推荐，将是未来 C2C 平台的发展方向。

（三）C2C 交易的信任与安全问题

信任是 C2C 交易得以顺利进行的基础。在跨境电商 C2C 交易中，买卖双方往往素不相识，无法通过面对面接触判断对方的可信度。这种情况下，如何在陌生人之间建立信任，就成为 C2C 交易面临的首要问题。

为了解决这一问题，C2C 平台通常会建立完善的信用评价体系。通过对买卖双方的历史交易记录、用户评价等信息进行采集和分析，平台可以为每个用户生成一个信用分，作为其诚信程度的量化指标。信用分越高，表明该用户的可信度越高，其他用户与之交易的意愿也就越高。这种基于大数据和算法的信用评价机制，在一定程度上缓解了 C2C 交易中的信任问题。

除了平台的信用评价，C2C 交易中的信任建立还需要买卖双方的共同努力。作为卖家，应该提供翔实的产品信息和真实的用户评价，对产品质量和服务做出合理承诺，在交易过程中保持积极沟通和及时响应。作为买家，则应该根据卖家提供的信息理性做出选择，按时付款并给予客观评价，履行自己作为交易参与者的责任和义务。唯有买卖双方都秉持诚信、守信的原则，C2C 交易中的信任才能得以真正建立。

在信任的基础上，C2C 跨境交易还需要一系列安全保障措施。第一，C2C 平台要充分发挥监管职能，对平台上的不当行为进行识别和制止，及时处理交易纠纷，为买卖双方提供公正的仲裁服务。第二，电商从业者应加强自律意识，严格遵守相关法律法规，抵制售假、侵权等违法行为，共同营造规范有序的交易环境。

四、O2O 模式

（一）O2O 模式的定义及优势

O2O 模式（Online to Offline）是一种将线上流量转化为线下消费的商业模式，它充分利用互联网的便捷性和实体店铺的体验性，为消费者提供全新的消费体验。O2O 模式的核心在于打通线上和线下的壁垒，实现双向流量的引导和转化，最终达到提升客户满意度、拓展市场份额的目的。O2O 模式有以下优势。

1. 整合了线上和线下的资源，创造了独特的协同效应

一方面，O2O 模式借助互联网的广泛覆盖和精准营销，能够有效吸引线上消费者，为实体店铺引流。通过在线上平台进行产品展示、优惠促销等活动，商家可以吸引更多潜在客户，提高品牌曝光度。另一方面，实体店铺则为线上引流的客户提供了优质的线下体验，通过面对面的服务、产品试用等方式，增强客户黏性，提升消费转化率。线上线下的无缝对接，不仅扩大了商家的客户群体，也为消费者带来了更加便捷、多元的消费选择。

2. 能实现数据驱动

通过对线上用户行为数据的收集和分析，商家可以洞察消费者的偏好、习惯和需求，从而制定出更加精准、个性化的营销策略。例如，商家可以根据消费者的浏览、搜索记录，推送相关产品信息，提高营销的针对性。同时，线下消费数据的积累也有助于商家优化经营策略，如调整产品结构、改进服务质量等。数据的双向流动和应用，使 O2O 模式具备了快速响应市场变化、持续优化运营的能力。

3. 线上和线下深度融合

在线上，商家需要构建一个便捷、安全的电商平台，提供丰富的产品信息和优质的客户服务。同时，商家还需要利用社交媒体、搜索引擎等渠道，开展多样化的网络营销活动，提高品牌知名度和美誉度。在线下，商家则需要打造优质的消费环境和服务体验，通过店铺装修、店员培训等措施，为消费者营造舒适、愉悦的消费氛围。此外，线上线下的会员系统对接、库存管理同步等，也是实现 O2O 无缝衔接的关键。

（二）O2O 模式下的顾客体验优化

O2O 模式下，只有不断完善服务流程，提升服务质量，才能真正赢得消费者的青睐，实现业务的可持续发展。以下是顾客体验优化的策略。

1. 深入了解顾客需求

在 O2O 模式下，企业可以通过线上渠道收集顾客反馈，分析其购买行为和偏好，从而洞察其真实需求。同时，线下门店也是获取顾客洞察的重要阵地。

导购人员应主动与顾客沟通，倾听其意见和建议，及时发现和解决其遇到的问题。只有准确把握顾客需求，才能有的放矢地开展服务优化工作。

2. 服务流程的优化

O2O企业应该从顾客的角度出发，梳理服务全流程，找出其中的薄弱环节和痛点，并采取针对性措施加以改进。例如，在线上订购环节，企业可以优化UI设计，简化下单步骤，确保顾客能够便捷、快速地完成购买。在线下服务环节，企业要合理调配人员，缩短顾客等待时间，提供个性化的咨询服务。同时，线上线下渠道还应实现无缝衔接，让顾客能够享受到全流程、一体化的优质服务。

3. 做好顾客关系管理

O2O企业应该建立完善的顾客数据库，记录每一位顾客的消费历史、偏好特征等信息，为其提供个性化的产品推荐和服务方案。对于重点客户，企业还可以开展针对性的营销活动，提供专属优惠和增值服务，提升其忠诚度和满意度。与此同时，完善的售后服务体系也不可或缺。企业要建立多渠道的售后服务网络，确保顾客能够便捷地获得咨询、维修、换货、退货等服务，最大限度地保障其权益。

4. 运用数字化技术

企业可以利用大数据分析、人工智能等技术，深入挖掘顾客需求，优化服务流程。例如，基于顾客的历史购买数据和浏览行为，企业可以精准预测其需求，主动推送相关产品信息。在客服环节，智能机器人可以与人工客服协同工作，快速解答顾客的常见问题，提升服务效率。此外，VR/AR、人机交互等新兴技术的应用，也可以为顾客带来更加身临其境、互动性强的购物体验。

5. 注重与顾客的情感互动

O2O企业要注重培养员工的服务意识和技能，倡导“以客户为中心”的服务理念，鼓励员工在服务过程中投入真情实感。只有让顾客真切感受到企业的关怀和尊重，才能建立起强有力的情感纽带，赢得长久的信任与支持。

6. 建立畅通的客户沟通渠道

除了传统的电话、邮件等渠道，O2O 企业还应积极拥抱社交媒体，主动建立官方账号，通过图文、视频等生动形式与客户互动交流。对于客户反馈的意见和建议，企业必须高度重视，及时给予回应和改进，让客户切实感受到自己的声音受到了企业的关注。同时，企业还可以通过社交媒体发起有奖征集、在线投票等营销活动，调动顾客参与的积极性，增强企业与顾客之间的黏性。

（三）O2O 模式的技术支持与创新

在 O2O 模式下，技术创新和应用成了运营和发展的关键驱动力。

移动互联网、大数据、人工智能等新兴技术的迅猛发展，为 O2O 模式提供了强大的技术支撑和实现路径。企业可以利用移动互联网技术，打造个性化、交互式的用户体验，实现线上与线下的无缝衔接。通过大数据分析，企业能够深入洞察用户需求，优化产品设计和服务流程，提升运营效率。人工智能技术的应用，如智能客服、智能推荐等，更进一步增强了 O2O 模式的智能化能力和用户黏性。

技术创新也为 O2O 模式的业务拓展和模式优化提供了广阔空间。企业可以基于新技术探索更多元化的 O2O 业态，如虚拟现实 shopping、智能导购等，为用户带来全新的消费体验。同时，企业还可以通过技术手段优化供应链管理、物流配送等环节，提高运营效率和服务质量。例如，利用物联网技术实现智能仓储和实时配送，利用区块链技术构建可信的供应链溯源体系，这些都有助于 O2O 模式的升级换代。

不过，O2O 模式的技术创新和应用也面临着一些挑战。第一，技术投入成本高，中小企业难以承担。第二，不同技术之间的集成与协同也存在一定难度，需要企业进行系统性的顶层设计和统筹规划。第三，大数据、人工智能等技术的应用也可能引发用户隐私泄露等问题，需要企业高度重视数据安全与隐私保护。

五、自建站模式

（一）自建站模式的运营特色

自建站模式是指跨境电商企业自主开发、建设和运营的官方网站，直接面向海外消费者销售商品或提供服务的经营方式。这种模式赋予企业更大的自主权和灵活性，使其能够根据自身发展战略和目标市场需求，定制化地打造品牌形象、优化用户体验、开展营销推广。

在品牌建设方面，自建站模式为跨境电商企业提供了一个独立、完整的展示平台。企业可以充分利用官网的视觉设计、内容编排、功能模块等要素，塑造鲜明的品牌个性，传递品牌理念和价值主张。与第三方平台相比，自建站能够更好地控制品牌形象的一致性，避免同质化竞争，提升品牌辨识度和忠诚度。同时，官网也是展示企业实力、提供售后服务、培养用户信任的重要渠道。

在用户体验方面，自建站模式能够根据目标市场的语言、文化、消费习惯等特点，量身定制网站的界面设计、导航结构、支付方式等，为海外消费者提供本地化、个性化的购物体验。企业可以通过用户行为数据分析，不断优化网站功能，提高转化率和客单价。相较于第三方平台的标准化布局，自建站能够创造更加流畅、便捷、愉悦的用户旅程，增强顾客黏性。

在营销推广方面，自建站模式拥有更大的自主空间和创新可能。企业可以根据自身的营销策略和预算，灵活选择搜索引擎优化、社交媒体营销、内容营销等多元化的推广方式，精准触达目标受众。与第三方平台相比，自建站能够更好地掌控流量入口，降低获客成本，实现营销效果的最大化。此外，官网还可以与线下渠道、社交平台等形成联动，开展全渠道营销，提升品牌影响力。

（二）自建站模式下的品牌建设

在自建站模式下，企业拥有完全的自主权，可以根据自身定位和发展战略，灵活地进行品牌设计和推广。通过自建站，企业能够全方位展示品牌形象，包括品牌理念、产品特色、企业文化等，向目标消费者传递独特而鲜明的品牌个性。这种沟通方式更加直接、真实，有助于建立品牌与消费者之间的情感连接，增强品牌认同感和忠诚度。

自建站模式为品牌建设提供了广阔的创新空间。企业可以根据市场需求和消费者反馈，不断优化网站设计和功能，提升用户体验。同时，自建站也为品牌跨界合作、联合营销等创新营销方式提供了便利条件。通过与其他品牌的合作，企业能够实现资源共享、优势互补，扩大品牌影响力。此外，企业还可以利用自建站开展各种品牌活动，如新品发布、限时促销、节日营销等，吸引消费者关注，激发购买欲望，促进品牌传播。

自建站模式对企业的品牌建设能力也提出了更高要求。由于自建站需要企业独立完成网站建设、运营和推广等工作，这对企业的技术实力、人才储备和资金投入都提出了挑战。如果企业在这些方面准备不足，就难以发挥自建站的优势，甚至可能影响品牌形象。因此，企业在选择自建站模式时，需要充分评估自身条件，制定周密的品牌建设规划。

针对自建站模式下的品牌建设，企业可以采取以下策略：第一，要明确品牌定位，确定目标消费群体，设计出独特而鲜明的品牌形象。第二，要重视网站设计和用户体验，提供丰富、实用的内容和功能，吸引消费者访问和互动。第三，要积极开展品牌营销活动，利用社交媒体、搜索引擎等渠道扩大品牌影响力。第四，要加强品牌管理，维护品牌声誉，与消费者保持良性互动，不断提升品牌美誉度和忠诚度。

（三）自建站模式下的国际市场拓展

相较于第三方平台，自建站模式赋予了企业更大的自主权和灵活性，有利于打造差异化的品牌形象，精准触达目标市场。然而，自建站的国际化之路并非坦途，企业需要在多个方面投入大量资源，并制定周密的发展策略。

企业要深入研究目标市场的消费特点和竞争格局，精准定位自身优势，打造符合当地消费者需求的产品和服务。这需要企业建立专业的市场调研团队，收集和分析海量数据，及时调整产品策略和营销方案。同时，企业还要重视本地化适配，根据不同国家和地区的文化习俗、法律法规等因素，对网站界面、支付方式、物流配送等进行针对性优化，提供无缝且个性化的购物体验。

自建站模式对企业的技术实力提出了更高要求。为了保证网站的稳定运行和快速响应，企业需要投入大量资金建设高性能的服务器和网络基础设施。同时，还要重视网站的优化和推广工作，通过 SEO、SEM 等技术手段提升网站在搜索引擎中的排名，增加目标客户的到达率。此外，企业还要加强与当地物流供应商的合作，建立高效、可靠的跨境物流网络，确保商品能够及时送达消费者手中。

自建站的品牌建设与推广是国际市场拓展的关键环节。企业要充分利用新媒体渠道，讲述品牌故事，传递品牌价值，与消费者建立情感连接。同时，还要重视售后服务和客户关系管理，通过多语言客服、VIP 会员制度等方式，提升客户的忠诚度和复购率。此外，企业还可以通过跨境营销活动、网红直播等创新方式，快速提升品牌在当地市场的知名度和影响力。

自建站的国际化发展离不开专业化人才队伍的支撑。企业要重视跨境电商人才的引进和培养，建立多元化、国际化的团队架构。这包括市场营销、IT 技术、供应链管理、客户服务等多个领域的专业人才。同时，企业还要注重人才的本地化培养，通过与当地高校、行业协会等机构合作，吸纳了解当地市场和文化的优秀人才，为自建站的可持续发展提供智力支持。

第三节　跨境电子商务的市场分析

一、跨境电商的消费者行为分析

（一）购买习惯的成因与特点

跨境电商消费者的购买习惯受到复杂因素的影响，既有消费者个体特征的作用，也有跨境电商平台营销策略的影响。从消费者个体层面来看，人口统计学特征、心理特征等都会对其跨境购物行为产生重要影响。不同年龄、收入、教育程度的消费者在跨境电商平台上表现出不同的购买偏好。年轻群体更倾向于购买新奇、个性化的进口商品，追求品牌效应和时尚体验；中高收入群体则更看重商品品质和性价比，希望通过跨境电商享受到优质优价的全球好物；高学历群体在跨境购物决策中更加理性，善于利用平台提供的商品信息进行充分的比较和评估。

除个体差异外，消费者的心理特征如创新意识、风险规避倾向也与跨境购买行为密切相关。创新意识较强的消费者对跨境电商的新品类、新业态接受度更高，往往成为平台营销的先期种子用户。风险规避倾向强的消费者则更加谨慎，可能因对跨境商品质量和物流时效的担忧而裹足不前。消费者的消费习惯也发挥着潜移默化的作用，注重个人享受的消费者可能更青睐跨境电商的全球精选商品，追求性价比的消费者则可能偏好跨境平台的优惠促销活动。

从跨境电商平台层面来看，精准的用户画像、个性化推荐、流畅的购物体验等因素正在深刻影响和塑造消费者的跨境购物习惯。跨境电商平台通过对消费者行为数据的挖掘分析，构建起细分的用户画像，从而实现针对性营销。个性化推荐技术的应用，让每位消费者都能在浩瀚的商品海洋中，便捷地找到心仪之物，激发起更多的购买欲望。流畅的跨境购物体验如本地化的界面设计、多样化的支付渠道、高效的配送服务等，则能最大限度降低消费者跨境购物的心理负担，使跨境网购像在本土平台购物一样轻松惬意，增强消费信心。

跨境电商平台的营销策略也在潜移默化地引导消费者习惯的养成。定期开展的优惠促销活动，如品类日、进口周等，不仅刺激了消费者的购物热情，也在其心中构建起对跨境好物的价格认知体系。

（二）消费者需求变化及应对策略

消费者需求变化受以下因素影响。

1. 经济全球化的影响

随着贸易壁垒的消除和市场准入的放宽，越来越多的国外商品进入本土市场，为消费者提供了更加多样化的选择。与此同时，新兴市场经济的崛起也极大拓展了跨境消费的范围，推动了全球消费市场的繁荣发展。在这一趋势下，消费者对于商品品质、价格、服务等方面的期望值不断提高，对个性化、多样化、高品质的跨境商品需求日益增长。跨境电商企业只有紧跟这一趋势，不断优化商品组合和服务体系，才能在激烈的市场竞争中占据优势地位。

2. 技术进步的影响

随着互联网、大数据、人工智能等新兴技术的广泛应用，消费者的购物习惯和决策方式发生了深刻变革。线上渠道的便捷性和互动性，使得消费者能够更加高效、精准地获取商品信息，进行跨境购物。同时，个性化推荐、智能客服等技术手段的运用，也大大提升了消费者的购物体验和满意度。在这一背景下，跨境电商企业必须加大技术投入，利用前沿科技成果不断创新运营模式，为消费者提供更加智能化、人性化的服务，从而赢得市场竞争优势。

3. 消费理念的影响

随着全球化进程的推进，不同国家和地区间的文化交流日益频繁，新的消费观念不断涌现。追求品质生活、崇尚个性体验、注重品牌价值等，已成为新时代消费者的共同诉求。与此同时，可持续消费、绿色消费等环保理念也得到越来越多消费者的认同和践行。面对消费理念的变革，跨境电商企业必须及时调整经营策略，在商品选择和营销推广中注入更多文化元素和价值理念，才能赢得消费者的认同。

面对消费者需求的多元变化，跨境电商企业必须树立敏锐的市场洞察力，及时把握需求动向，不断优化运营策略。第一，完善大数据应用机制，深入分析海量交易数据，准确把握用户画像和消费偏好，为精准营销奠定基础。第二，企业还应注重品牌建设与口碑管理，通过高质量的产品和服务赢得消费者信任，提升品牌美誉度和忠诚度。第三，与上下游企业加强产业链协同，打造高效、灵活的供应链体系，也是适应需求变化的必由之路。只有在全球化资源配置中争取主动，跨境电商企业才能建立起长期发展优势。

（三）提升消费者忠诚度的有效途径

消费者忠诚度代表着消费者对特定品牌或商家的偏好程度，它不仅影响着消费者的重复购买行为，更关乎企业的可持续发展。因此，探讨如何有效提升跨境电商消费者忠诚度，对于电商从业者来说具有重要的理论价值和实践意义。

从理论层面来看，消费者忠诚度的形成受到多种因素的影响，包括产品质量、服务水平、品牌形象、价格策略等。其中，产品质量是基础，优质的产品能够满足消费者的功能性需求，赢得其信赖；服务水平是保障，贴心周到的服务能够为消费者带来愉悦的购物体验，增强其黏性；品牌形象是纽带，良好的品牌形象能够与消费者产生情感共鸣，培养其认同感；价格策略是诱因，合理的定价能够吸引消费者，刺激其购买行为。只有在这些因素的共同作用下，才能真正实现消费者忠诚度的提升。

从实践角度来看，跨境电商企业要想提高消费者忠诚度，必须在多个方面下功夫。第一，要重视产品质量管理，严格把控供应链每个环节，确保产品的优质性和一致性。第二，要完善售前售后服务体系，通过在线客服、电话热线、退换货机制等方式，为消费者提供全方位的服务支持。第三，要注重品牌建设与传播，通过线上线下的整合营销，塑造鲜明的品牌个性，与消费者建立情感连接。第四，还要灵活运用价格策略，针对不同细分市场和消费者群体，制定差异化的定价方案，以价格优势吸引消费者。第五，企业要建立完善的客户关系管理系统，通过大数据分析掌握消费者的行为特征和偏好，进而开展精准营销，提供个性化服务。第六，企业还要重视与消费者的互动与沟通，通过社交媒体、社群营销等方式，倾听消费者的声音，及时回应其诉求，让其感受到被重视和尊重。只有在日复一日的经营实践中，不断优化产品、服务、营销、管理等各个环节，才能真正赢得消费者的信赖和支持，实现其忠诚度的稳步提升。

二、跨境电商市场增长驱动因素

(一) 科技进步的影响

科技进步对跨境电商市场增长的影响是多方面、深层次的。随着信息技术的迅猛发展，以电子支付、物流技术为代表的现代科技成果正在深刻重塑跨境电商的运营模式和市场格局。

电子支付技术的普及和创新，极大地促进了跨境电商交易的便利性和安全性。传统的跨境贸易往往受制于复杂的支付流程和较高的交易风险，而电子支付系统的出现有效解决了这些问题。通过网上银行、第三方支付平台等多元化的支付方式，消费者可以轻松完成跨境购物的资金转移，商家也能够及时、高效地回笼资金。同时，电子支付还集成了身份认证、风险监测等功能，大幅提升了跨境交易的安全性，为买卖双方营造了良好的信任环境。可以说，正是电子支付技术的发展，为跨境电商的繁荣奠定了坚实的基础。

物流技术的进步则为跨境电商的快速发展提供了强大动力。在全球化时代，高效、可靠的物流配送是跨境贸易的生命线。近年来，智能仓储、自动分拣、无人配送等现代物流技术的应用，极大地提高了跨境电商物流的时效性和精准度。通过对物流全流程的数字化管理和智能化控制，跨境电商企业能够实现订单的快速处理和商品的及时送达，显著改善了消费者的购物体验。与此同时，大数据、云计算等技术的融合应用，也让企业能够更加精准地预测市场需求、优化库存管理，进一步提升了跨境电商供应链的效率和韧性。可以预见，随着物流技术的不断升级迭代，跨境电商物流的成本和时效优势将愈加明显，为行业持续发展注入强劲动力。

人工智能、虚拟现实等前沿科技在跨境电商领域的应用，也正在成为推动市场增长的新引擎。例如，人工智能技术可以实现智能客服、个性化推荐等功能，大大提升了消费者的购物体验和满意度。虚拟现实技术则为跨境电商带来了沉浸式购物的新可能，消费者可以身临其境地体验海外商品，有效弥合了线上购物与实体体验之间的鸿沟。这些新兴技术的引入，不仅丰富了跨境电商的营销手段，更为开拓新市场、培育新消费提供了更大的想象空间。

(二) 经济发展的促进作用

数字经济的蓬勃发展，促进了跨境电商的繁荣。以移动支付、物流技术、大数据等为代表的数字技术广泛应用，极大地提升了跨境电商的运营效率和用户体验。移动支付打通了跨境交易的资金流，使跨境支付更加便捷高效。大数据分析技术帮助商家洞察消费者行为，优化产品和营销策略。人工智能、区块链等前沿技术在供应链管理、智能客服等方面的应用，进一步提升了跨境电商的智能化水平。数字经济的发展壮大了跨境电商的技术底座，成为推动行业增长的重要引擎。

三、跨境电商市场的竞争分析

（一）主要竞争者分析

面对多元化的市场需求和日益激烈的竞争态势，跨境电商平台必须审时度势，及时调整发展战略。对于全球性电商巨头而言，关键是要发挥规模优势和品牌效应，不断拓展业务边界，深化供应链整合，提升运营效率和服务水平。电商平台要立足自身优势，聚焦特定领域，为目标客户提供更加精准、贴心的服务。

随着移动互联网的普及和跨境物流体系的完善，跨境电商市场呈现出融合化发展趋势。线上线下渠道加速融合，前端营销与后端配送紧密衔接，境内外市场协同联动。在此背景下，电商平台需要重新审视自身定位，构建线上线下一体化的全渠道运营体系。唯有如此，才能在激烈的市场竞争中立于不败之地。

跨境电商平台应顺应消费升级趋势，加强品牌建设和产品创新。一方面，要培育自有品牌，提升产品附加值和差异化优势；另一方面，要引进优质海外品牌，满足消费者对进口商品的需求。此外，大数据分析、人工智能等新技术的应用，也将为电商平台的精准营销和个性化推荐提供有力支撑。

（二）竞争策略与市场机遇

在激烈的跨境电商竞争环境中，企业要想立于不败之地，必须精准把握市场动向，制定科学有效的竞争策略。

1. 深入分析竞争对手的优势和劣势，找准自身的市场定位

这需要企业全面收集和研判竞争对手的信息，包括其产品特点、价格策略、营销手段、目标客户等，进而明确自身的差异化优势，在市场中寻找独特的切入点。

2. 紧跟市场需求变化，不断优化和创新产品与服务

在消费者需求日益多样化、个性化的趋势下，企业必须及时调整产品结构，开发出更加贴合消费者需求的新产品。同时，企业还要重视服务创新，通过提供差异化、高品质的服务，提升客户满意度和忠诚度。例如，企业可以利用大数据技术，为客户提供个性化的购物推荐和售后服务，打造出更加人性化、智能化的购物体验。

3. 重视品牌建设，提升品牌影响力

在竞争日益激烈的市场环境中，拥有强大的品牌号召力已经成为企业的核心竞争力之一。跨境电商企业要从商品质量、服务水平、营销策略等多方面入手，塑造良好的品牌形象。同时，企业还要积极进行品牌传播，通过社交媒体、内容营销等多种渠道，扩大品牌知名度和美誉度，赢得消费者的信任和认可。

4. 积极拓展新兴市场，开辟新的增长点

随着新兴经济体的崛起和中产阶级的壮大，一些发展中国家已经成为跨境电商的重要目标市场。企业要紧抓这一机遇，深入研究当地消费者的需求特点和文化习俗，量身定制产品和营销策略，争取在新兴市场率先建立竞争优势。例如，在东南亚市场，移动购物已经成为主流趋势，跨境电商企业要重点发力移动端，优化移动购物体验，方能在激烈的竞争中脱颖而出。

第四节　跨境电子商务的技术支持

一、跨境支付系统

（一）支付系统的组成与功能

支付系统是连接买卖双方资金流转的桥梁，安全、高效、便捷的支付系统是跨境电商平台不可或缺的基础设施。支付系统的构成通常包括支付网关、支付处理平台、清算网络等核心组件，这些组件协同运作，完成从用户下单、商家收款到资金清算的全流程。

支付网关作为连接商家网站与银行支付处理平台的中间件，承担着获取交易信息、加密传输数据、验证买家身份等关键职责。当消费者在跨境电商平台上选择商品并点击支付时，支付网关会实时捕获订单信息，通过加密通道安全传输至支付处理平台。在此过程中，支付网关还会对买家身份信息进行验证，防范信用卡盗刷等金融风险，确保交易真实可靠。

支付处理平台是整个支付系统的核心，它接收并处理来自支付网关的交易请求，与发卡行等金融机构进行实时对接，完成扣款和资金转账。跨境电商所涉及的币种、结算方式往往多样化，对支付处理平台的系统容量和业务适配性提出了较高要求。优秀的支付处理平台能够支持多币种结算、多渠道支付，并提供配套的风控策略和清算服务，全方位地满足跨境电商的业务需求。

资金的最终清算离不开专业的清算网络。全球知名的银行卡组织建立了遍布全球的清算网络，为跨境资金划转提供便利。商家从消费者处收取的货款，经支付处理平台处理后，最终通过清算网络汇入商家账户，完成整个支付过程。清算网络的效率和稳定性直接影响商家资金回笼的速度，进而影响其现金流管理和业务发展。

多元化的支付方式是跨境电商支付系统的又一大特点。除传统的信用卡支付外，第三方支付工具也在跨境电商中得到广泛应用。这些支付工具简化了支付流程，为消费者提供了更多选择，有力促进了用户体验的提升。针对不同国家和地区的消费者，跨境电商平台还需兼容当地的特色支付方式，以满足更多消费者的支付习惯。

创新的支付技术为跨境电商行业注入了新的活力。区块链技术的去中心化、不可篡改等特性，有望解决跨境支付中的信任问题，大大提升资金划转速度。生物识别技术将指纹、面部识别运用到支付环节，不仅带来极佳的用户体验，更进一步提升了支付安全性。未来，随着物联网、人工智能等新兴技术的发展，跨境电商支付系统必将迎来更多突破性进展。

（二）跨境支付的安全性挑战

随着跨境交易规模的不断扩大，跨境支付所面临的风险也日益凸显。这些风险主要包括信息安全风险、法律合规风险、汇率波动风险等。其中，信息安全风险是最为突出和紧迫的。在跨境支付过程中，大量敏感信息如银行账户、信用卡号码等在不同国家、不同机构之间传输，极易被不法分子窃取和利用。汇率波动也给跨境支付带来了不确定性，增加了交易成本和财务风险。

针对这些风险，跨境电商和支付机构必须建立起完善的风险防范机制。第一，要加强信息系统的安全防护，采用先进的加密技术和身份认证手段，确保敏感信息在传输和存储过程中不被泄露。第二，要密切关注国际金融市场动向，运用金融衍生工具等手段规避汇率风险，保障收付款的稳定性。第三，要加强与监管部门、执法机构的沟通合作，及时报告可疑交易，共同打击跨境支付领域的违法犯罪活动。

除了外部风险防范，跨境支付机构还应着力提升自身的风险管理能力。这需要建立科学完善的风险评估体系，全面识别、评估、监测各类风险，并制定针对性的应对预案。同时，还要加大风险管理队伍建设，引进和培养高素质的风险管理人才，提高风险管理的专业化水平。只有强化内部管理、夯实风险防控基础，跨境支付机构才能在复杂多变的外部环境中稳健经营、持续发展。

二、物流与仓储管理

（一）物流体系优化策略

物流体系优化是跨境电商企业降低成本、提升效率的关键举措。在激烈的市场竞争环境下，跨境电商企业只有不断优化物流体系，才能在成本控制和物流效率方面占据优势，为客户提供更优质的服务体验。

1. 根据自身业务特点和发展阶段，合理规划物流网络布局

这既包括对仓储设施的选址规划，也包括对配送路线的优化设计。仓储选址应充分考虑货物的集散地、运输便利性等因素，尽可能降低仓储和运输成本。同时，企业还应结合大数据分析，对客户分布、订单量等数据进行挖掘，优化配送路线，缩短配送距离，提升配送效率。灵活运用集中配送、区域配送、末端配送等多种配送模式，满足不同客户群体的差异化需求。

2. 积极推进供应链一体化，打通上下游环节，实现信息共享和协同优化

通过与供应商、物流服务商建立战略合作关系，共享库存、订单、物流等关键数据，可以有效减少信息不对称导致的成本浪费。例如，企业可以与供应商协商制定合理的补货策略，根据销售预测和库存情况实施精准补货，既避免了库存积压，又保障了供应及时性。又如，企业可以与物流服务商共同优化运

输方案，通过货物整合、中转配送等方式提升运输效率，降低物流成本。

3. 重视物流信息化建设，利用先进的信息技术手段优化物流运作

通过构建物流信息管理系统，实现订单处理、仓储管理、运输调度、跟踪查询等环节的自动化、智能化，不仅可以提高作业效率，减少人工成本，还能为客户提供透明、及时的物流信息服务。借助大数据分析、人工智能等前沿技术，企业可以更加精准地预测客户需求，优化库存管理和配送策略，从而降低物流成本，提升客户满意度。

4. 高度重视物流服务质量，将其作为优化物流体系的重要目标

这要求企业从客户体验出发，完善物流服务标准，加强对物流全流程的质量管控。建立完善的绩效评估体系，对各环节的时效性、准确性、完好率等关键指标进行量化考核，持续提高物流服务水平。同时，企业还应注重物流人才队伍建设，加强对一线员工的培训和激励，提高其专业技能和服务意识，为客户提供更加专业、高效、贴心的物流服务。

（二）仓储管理的智能化

引入先进的技术手段，优化仓储运营流程，已成为跨境电商企业实现转型升级、提升核心竞争力的关键举措。

从技术创新的角度来看，大数据、人工智能、物联网等新兴技术的应用，为仓储管理的智能化升级提供了强大动力。通过部署智能仓储管理系统，企业可以实时监控库存动态，优化库存结构，减少呆滞库存。同时，利用机器视觉、语音识别等技术，可以实现货物的自动分拣、上架和拣选，大幅提高作业效率和准确率。此外，综合应用 RFID、传感器等物联网技术，可以实现对仓储环境的智能监测和调控，确保货物的储存安全。

从操作模型的角度来看，智能化仓储管理要求企业重构传统的作业流程，建立标准化、模块化、柔性化的操作模型。这就意味着要打破企业部门壁垒，促进各环节的信息共享和协同作业。例如，通过建立集中式的仓储调度中心，利用大数据分析和智能算法，可以动态优化库存布局、拣选路径和装载方案，实现全流程的高效协同。同时，柔性化的作业模式也为企业应对市场变化、快速响应客户需求提供了支撑。

仓储管理的智能化升级是一个循序渐进、持续优化的过程。企业需要根据

自身业务特点和发展阶段，选择适合自己的智能化方案。这就要求企业管理者具备前瞻性思维和全局视角，在技术应用与业务实践之间找到平衡点。只有将先进技术与企业实际相结合，才能真正实现仓储管理的智能化，推动跨境电商行业的健康发展。

（三）绿色物流与可持续发展

随着环保意识的不断增强和可持续发展理念的深入人心，越来越多的跨境电商企业开始重视绿色物流实践，积极探索节能减排、环境友好的物流模式。这不仅有助于企业树立良好的社会形象，更是履行社会责任、实现长远发展的内在要求。

在绿色物流实践中，跨境电商企业通过优化物流网络、改进包装材料、应用新能源运输工具等举措，有效降低了能源消耗和环境污染。例如，某跨境电商巨头通过在包装材料中引入可降解材料，大幅减少了包装废弃物。同时，该公司还在物流运输中推广新能源车辆，通过替代传统燃油车有效降低了碳排放。这些实践不仅彰显了企业的环保理念，更为行业树立了绿色发展的标杆。

推进绿色物流与可持续发展并非易事，它对跨境电商企业的运营模式和管理能力提出了更高要求。企业需要在保证物流效率和服务质量的同时，更加注重环境影响和资源利用。这就需要企业从战略高度出发，将绿色物流纳入企业发展全局，并在物流体系设计、技术应用、流程管理等方面进行系统性变革。只有建立起完善的绿色物流管理体系，才能真正实现环境效益与经济效益的统一。

标准化是推动绿色物流发展的重要支撑。近年来，国际组织和行业主管部门陆续制定并完善了一系列绿色物流标准，规范了绿色物流的实施路径和评价体系。跨境电商企业应积极参与标准制定，并以标准为引领，推动绿色物流体系的建设和完善。同时，企业还应加强与外部利益相关方的沟通合作，携手上下游合作伙伴，共同打造绿色供应链，实现产业链的绿色转型升级。

三、数据分析与大数据应用

（一）数据挖掘在跨境电商中的应用

数据挖掘技术为企业洞察客户行为、预测市场趋势提供了强大的技术支持。

通过收集和分析海量的用户行为数据，如浏览记录、购买历史、评论反馈等，跨境电商企业能够深入了解消费者的需求偏好、决策习惯，从而优化营销策略，提升用户体验。

1. 客户行为预测

利用机器学习算法，如聚类分析、关联规则挖掘等，企业可以根据用户的历史行为模式，识别出不同的客户群体，并有针对性地推送个性化的产品推荐和促销信息。这不仅能够提高营销的精准度，激发用户的购买欲望，还能够增强客户黏性，培养忠诚度。此外，通过构建用户画像，分析用户的生命周期价值，跨境电商企业能够优化资源配置，实现利润最大化。

2. 市场趋势分析

面对全球化的市场环境和激烈的竞争态势，及时把握消费趋势变化对企业的生存发展至关重要。数据挖掘技术能够帮助跨境电商企业从海量的交易数据、社交媒体数据中发现宝贵的市场洞见。例如，通过分析不同国家、地区消费者的购买行为差异，企业可以调整产品策略，开发符合当地文化、习俗的特色商品；通过监测社交平台上用户对产品的评价和讨论，企业能够发现产品存在的问题，及时改进，提升客户满意度。

3. 运用数据可视化技术

数据可视化以直观、生动的图表展示分析结果，帮助决策者快速洞察关键信息，及时优化运营策略。例如，通过交互式仪表盘，管理者可以实时监控各个海外仓库的销售业绩、库存周转等关键指标，发现异常波动，及时调整补货计划。

海量数据的处理对企业的 IT 基础架构提出了更高的要求，需要引入大数据平台、分布式计算等先进技术。数据安全与隐私保护也是不容忽视的风险点，跨境电商企业需要严格遵守各国的数据保护法规，防范数据泄露、滥用等问题。此外，数据挖掘的有效性还取决于数据质量，这就要求企业在数据采集、清洗、整合等环节严格把关，提供高质量的数据源。

（二）隐私保护与数据安全

随着跨境电商的蓬勃发展，海量用户数据的采集、存储、传输和应用日益频繁，这无疑给个人隐私和数据安全带来了挑战。一旦用户隐私数据遭到泄露或非法利用，不仅会给用户个人利益造成损害，更会动摇跨境电商平台的公信力，阻碍行业的健康发展。因此，强化隐私保护与数据安全已成为跨境电商平台的当务之急。

加密技术是保障数据传输和存储安全的重要手段。跨境电商平台应采用先进、可靠的加密算法和协议，对敏感数据进行加密处理，确保其在传输和存储过程中不被窃取或篡改。同时，应建立完善的身份认证和访问控制机制，严格限制对敏感数据的访问权限，防止内部人员的越权操作和外部攻击者的非法访问。此外，跨境电商平台还应积极引入前沿技术，如区块链、同态加密、联邦学习等，探索隐私保护与数据安全的创新解决方案。

四、网络安全与信息保护

（一）网络攻击的类型与防御策略

随着信息技术的飞速发展和网络的日益开放，网络攻击的类型也变得越来越多样化和复杂化。常见的攻击类型包括拒绝服务攻击、病毒和蠕虫攻击、网络钓鱼、SQL 注入等。这些攻击不仅会窃取敏感数据，破坏系统完整性，还可能导致业务中断，造成巨大的经济损失。因此，加强商业信息系统的安全防御，提高抵御网络攻击的能力已经成为企业生存和发展的关键。以下是几个防御策略。

1. 构建完善的网络安全防御体系

第一，企业应该从制度层面建立健全网络安全管理制度和操作规范，明确各部门、各岗位的安全职责，规范员工的网络行为。第二，要加强网络基础设施的安全防护，包括部署防火墙、入侵检测和防御系统等安全设备，对网络设备进行安全加固和漏洞修复。第三，要重视数据安全，采用加密、访问控制等技术手段保护关键数据，防止数据泄露和非法篡改。第四，应该建立网络安全监测和应急响应机制，及时发现和处置安全事件，减少网络攻击带来的损失。

2. 提高全员网络安全意识和技能

大多数网络安全事件的发生与人的因素密切相关，如员工安全意识薄弱、缺乏必要的安全技能等。因此，企业应该通过多种形式开展网络安全教育和培训，普及网络安全知识，提高员工识别和防范网络攻击的能力。可以针对不同岗位的员工设置差异化的培训内容，既有面向全员的通识培训，也有面向专业技术人员的专项培训。通过情景模拟、实际演练等方式，让员工掌握在面对网络攻击时的正确处置方法，形成“人人都是网络安全员”的良好氛围。

3. 与网络安全专业机构合作

与网络安全专业机构开展深度合作，借助外部力量提升自身的安全防护水平。一方面，可以聘请网络安全专家对企业的网络安全状况进行评估，找出薄弱环节，提出整改建议；另一方面，可以引进先进的网络安全产品和解决方案，快速提升防护能力。同时，积极参与行业论坛等平台的交流活动，与其他企业分享网络安全经验，共同应对网络安全挑战。

（二）加密技术在信息保护中的应用

随着数字化进程的加速推进，电商平台每天都要处理海量的用户数据和交易信息。如何在数据高速流转的过程中确保其安全和隐私，成为电商企业面临的严峻挑战。运用加密技术可以应对这一挑战。

加密技术通过对数据进行编码和转换，使得未经授权的第三方无法获取其真实内容。这一过程利用了复杂的数学算法，将原始信息转换为无法破译的密文。只有掌握特定密钥的用户才能对密文进行解密，还原出原始数据。加密技术不仅保护了用户的敏感信息，如身份证号、银行卡号等，还能防止黑客和不法分子对数据的窃取和篡改，维护网络交易的安全性。

对于跨境电商平台而言，加密技术在数据传输的各个环节都发挥着至关重要的作用。例如，当用户在平台上进行登录、下单、支付等操作时，其账号密码、收货地址、支付信息等敏感数据都需要经过加密处理。SSL（Secure Sockets Layer，安全套接层）和 TLS（Transport Layer Security，传输层安全）就是当前应用最广泛的两种加密协议。它们能够在用户设备和电商服务器之间建立安全通道，防止数据在传输过程中被拦截或窃听。电商平台通过部署 SSL/TLS 证书，让用户能够通过 https 等安全链接访问网站，从而最大限度地保障了用户隐私。

加密技术被广泛应用于跨境电商的支付环节。相比于传统的线下交易，网上支付面临着更大的安全风险。用户的银行卡信息、支付密码等一旦外泄，极易造成资金损失。因此，主流的第三方支付平台都采用了多重加密机制。例如，一些平台会对用户的支付信息进行非对称加密，确保数据只能被收款方读取。中间环节的任何人即便拿到密文，也无法破解出有效信息。这种端到端的加密方式，大大提升了网络支付的安全系数。

区块链技术的兴起为加密技术在跨境电商领域的应用开辟了新的空间。区块链以其去中心化、不可篡改等特性，为数字化信息提供了可靠的安全保障。将区块链与传统加密技术相结合，能够实现数据全生命周期的安全管理。用户的身份信息、交易记录、物流信息等都以加密代码的形式存储在区块链上，杜绝了信息被伪造、删改的可能。跨境电商平台引入区块链技术，不仅能提升数据安全性，还有利于优化业务流程，降低交易成本。

五、客户关系管理系统

（一）客户关系管理系统的核心功能

客户关系管理系统在提升客户满意度与忠诚度方面发挥着关键作用。它通过整合客户数据、优化业务流程、个性化服务等手段，构建起企业与客户之间紧密、持久的联系纽带。

优秀的客户关系管理系统具备全面的信息收集与管理功能。它能够从多个渠道获取客户的基本信息、消费偏好、交易历史等数据，并对这些数据进行分类、整理和分析。通过构建完整的客户画像，企业能够更加深入地了解每一位客户的需求特点，为其提供更加精准、贴心的服务。同时，系统还应具备信息共享和协同工作的能力，确保销售、市场、服务等各部门能够及时获取客户信息，协调一致地开展工作，避免出现信息割裂、服务脱节的问题。

客户关系管理系统具备强大的业务流程优化功能。通过将销售、服务等各环节的工作流程嵌入系统，实现业务自动化和标准化，企业能够大幅提升工作效率，减少人工失误。例如，系统可以根据预设的规则自动为客户分配销售人员，生成标准化的服务流程和质检标准，确保每一位客户都能享受到优质、规范的服务体验。同时，系统还能够实时监测业务运行状况，及时发现并解决潜在问题，不断优化业务流程，提升服务水平。

客户关系管理系统能提供个性化服务。在海量客户数据的基础上，系统可以利用大数据分析、机器学习等技术，深入挖掘客户需求，为其提供个性化的产品推荐、营销方案和服务策略。例如，系统可以根据客户的购买历史和浏览行为，推荐其可能感兴趣的产品；针对不同的客户，提供差异化的关怀服务和优惠措施；根据客户的反馈意见，不断改进产品设计和服务流程。这种个性化服务能够极大地增强客户的认同感和归属感，提升其满意度和忠诚度。

客户关系管理系统能加强客户互动。系统应提供多种互动渠道，如在线客服、社交媒体、移动应用等，方便客户随时随地与企业进行沟通交流。通过积极倾听客户声音，及时解决其问题和需求，企业能够让客户真切感受到被重视、被尊重。同时，系统还应支持多种互动形式，如问卷调查、意见征集、在线活动等，主动邀请客户参与到企业的经营决策中来，增强其参与感和黏性。

（二）数据驱动的个性化服务

数据驱动的个性化服务是提升客户体验的关键策略。在跨境电商领域，海量的客户行为数据为精准营销和个性化服务提供了坚实基础。通过对客户行为数据的采集、存储、清洗和分析，企业能够深入洞察客户的需求偏好、购买习惯和决策路径，从而实现服务内容和方式的精准匹配。这种数据驱动的个性化服务模式不仅能够显著提升客户满意度和忠诚度，还能为企业带来可观的经济效益。

具体而言，数据驱动的个性化服务主要体现在以下几个方面：第一，基于客户画像和行为预测，企业可以向目标客户推送契合其兴趣偏好的商品信息和促销活动，提高营销的精准度和转化率。第二，通过分析客户的浏览、搜索、加购等行为数据，企业能够洞察客户的潜在需求，并主动提供相关的商品推荐和售前咨询，提升客户体验。第三，借助自然语言处理、知识图谱等人工智能技术，企业可以打造智能客服系统，为客户提供全天候、多语种的售后服务，高效解决客户问题。第四，企业可以根据客户的购买历史、风险偏好等数据，提供个性化的金融服务，满足客户多元化的金融需求。

六、跨境电商平台技术架构

（一）平台架构设计的关键要素

跨境电商平台技术架构的设计直接影响着平台的稳定性、扩展性和维护性。一个优秀的技术架构应该能够保证系统的高可用性，即使在访问量激增、并发请求增多的情况下，平台也能保持稳定运行，为用户提供流畅的购物体验。架构还需要具备良好的扩展性，能够灵活应对业务快速增长带来的挑战，通过横向或纵向扩容来提升系统的处理能力。架构的可维护性也至关重要，代码结构清晰、模块化程度高，有利于开发团队快速迭代、修复缺陷，降低系统的维护成本。

从整体架构模式来看，微服务架构已经成为跨境电商平台的主流选择。与传统的单体架构相比，微服务架构将系统拆分为多个独立的服务，每个服务负责特定的业务功能，通过轻量级的通信协议进行交互。这种架构具有天然的分布式特性，不仅有利于系统的高可用和容错，而且能够支持不同服务的独立开发、测试和部署，大大提高了研发效率。在实践中，跨境电商平台通常会将核心业务，如商品管理、订单管理、支付交易等拆分为独立的微服务，再通过API 网关将这些服务整合，向外部提供统一的接口。

在数据存储方面，跨境电商平台往往需要处理海量的商品信息、用户数据和交易记录。传统的关系型数据库已经难以满足这种大规模、高并发的数据访问需求。因此，分布式的 NoSQL 数据库已经成为跨境电商平台的主流选择。这些数据库具有水平扩展、高可用、灵活性等特性，能够很好地适应电商场景下的数据存储需求。同时，为了保证数据的一致性和可靠性，跨境电商平台还需要引入分布式事务、数据备份和恢复等机制，确保关键业务数据不会丢失或损坏。

在缓存设计方面，跨境电商平台通常会面临着大量的读请求，如商品详情页的访问、搜索结果的展示等。为了减轻后端服务和数据库的压力，提升系统的响应速度，平台需要合理使用缓存技术。常见的缓存方案包括使用内存数据库缓存热点数据，使用 CDN 缓存静态资源，以及在应用层实现本地缓存等。通过缓存的合理使用，能够显著提升系统的性能和用户体验。

在技术选型方面，跨境电商平台需要综合考虑性能、可靠性、可维护性等多个因素。在编程语言上，Java 凭借其成熟的生态和丰富的开源框架，如 Spring、Dubbo 等，已经成为跨境电商平台的首选。在架构风格上，REST 和 RPC 是最常用的两种方式，分别适用于不同的场景。在容器化和自动化运维方面，Docker 和 Kubernetes 已经成为业界标准，能够极大地简化应用的部署和管理。此外，在大数据处理、机器学习等方面，Hadoop、Spark、TensorFlow 等工具也在跨境电商平台中得到了广泛应用。

（二）技术架构与业务发展的协同

优秀的技术架构应具备稳定性、扩展性和维护性等关键特征，为平台的长期发展提供坚实的基础。技术架构需要随着业务模式的创新和用户需求的变迁而灵活调整，确保平台能够快速响应市场变化，保持竞争优势。

从稳定性的角度来看，跨境电商平台需要构建一个高性能的技术架构，确保系统在高并发、大流量的情况下依然能够稳定运行。这就要求平台在架构设计时，要充分考虑容错、负载均衡、数据备份等方面的需求，通过合理的技术选型和优化手段，最大限度地提升系统的稳定性。例如，采用分布式架构、微服务设计、多机房部署等策略，可以有效地提高系统的可用性和容灾能力。

从扩展性的角度来看，跨境电商平台需要具备良好的横向和纵向扩展能力，以适应业务规模的快速增长。横向扩展意味着平台要能够轻松地增加服务器节点，分担系统压力；纵向扩展则要求平台能够灵活地拆分和重组业务模块，实现功能的快速迭代。这就需要平台在架构设计时，要遵循模块化、松耦合的原则，通过清晰的接口定义和规范的数据交互，实现不同模块之间的独立演进。同时，平台还需要引入自动化运维、容器化部署等先进技术，提高系统的扩展效率和灵活性。

从维护性的角度来看，跨境电商平台需要建立一套完善的运维管理体系，确保系统能够长期稳定地运行。这就要求平台在架构设计时，要充分考虑代码的可读性、可测试性和可维护性，通过规范的编码标准、完备的文档说明、灵活的配置管理等手段，降低系统的维护成本。同时，平台还需要建立完善的监控、告警、日志分析等机制，实现对系统运行状态的实时洞察和快速响应。通过持续的优化和改进，不断提升平台的维护效率和问题处理能力。

除了上述技术层面的考量之外，跨境电商平台的技术架构还需要与业务发展紧密结合，快速响应市场需求的变化。这就要求技术团队要与业务团队保持良好的沟通和协作，深入了解业务发展的痛点和需求，并通过敏捷开发、快速迭代等方式，不断优化和完善平台的功能和性能。同时，技术团队还需要密切关注行业的最新动态和技术趋势，通过引入先进的技术和理念，为平台的创新发展提供源源不断的动力。只有在技术和业务的紧密协同下，跨境电商平台才能真正实现健康、可持续的发展。

第二章　品牌建设的基础理论

第一节　品牌概述

一、品牌概念辨析

品牌是一个富有内涵和外延的概念，其定义可以从多个角度进行解读。

从法律层面看，品牌可以被视为一种无形资产，是企业通过注册商标、专利等方式获得的专有权益。这种权益不仅包括品牌名称、标识等显性要素，还涵盖了与之相关的声誉、信誉等隐性价值。品牌是企业的一种知识产权，受到法律的保护。

从营销学的视角来看，品牌可以被理解为一个独特的名称、术语、标志、符号或设计，或是它们的组合。其目的在于识别某个销售者或销售群体的产品或服务，并使之与竞争对手的产品或服务区分开来。在这种定义下，品牌的核心在于差异化，即通过独特的品牌要素塑造鲜明的品牌形象，在消费者心智中占据独特位置。因此，品牌是一种战略性资源，直接影响企业的市场竞争力。

从消费心理学的角度来看，品牌还可以被视为一种感知，是消费者基于对品牌的认知、体验、情感等因素形成的综合印象。当消费者接触一个品牌时，他们不仅仅看重其功能属性，更会将其与某种象征意义联系起来。例如，有些品牌让人感到高贵、奢华，有些则让人感受到亲切、温暖。品牌印象的形成是一个长期、复杂的过程，但一旦建立，就会对消费者的态度和行为产生持久影响。可以说，品牌存在于消费者的心智之中。

从社会文化的视角来看，品牌还承载着一定的符号意义和文化内涵。很多品牌已经超越了单纯的产品和服务，成了一种文化符号。

二、品牌与商标区别

品牌与商标之间既有紧密的联系，又存在着本质的区别。深入剖析二者的异同，对于企业树立品牌意识，提升品牌价值，加强品牌管理具有重要意义。

从联系的角度来看，品牌与商标都是企业区别于竞争对手、获得消费者认可的重要标识。一个成功的品牌往往离不开醒目独特的商标设计，而一个深入人心的商标也必然代表着一个优质品牌的形象。品牌借助商标这一有形载体传递品牌内涵，商标则通过品牌这一无形资产彰显自身价值。可以说，二者相辅相成，缺一不可。

品牌与商标在内涵上却有着本质的区别。商标仅仅是一种标识，是用于区分商品或服务来源的文字、图形、字母、数字、三维标志、颜色组合等可视性要素的组合。它是品牌的重要组成部分，但远非全部。品牌则是一个更为宽泛和抽象的概念，它不仅包括商标、商号、包装等有形要素，更涵盖了产品质量、企业文化、消费者心理等无形要素。品牌所蕴含的是企业长期经营所积累的声誉和形象，是消费者对产品和服务的认知和评价。因此，品牌的内涵远比商标更加丰富和深刻。

从价值实现的途径来看，商标价值主要通过法律确权、许可使用等方式变现，而品牌价值的实现形式则更加多元，包括提高产品溢价、促进市场营销、吸引投资并购等。一个优质商标固然能为企业带来直接的经济效益，但只有将其打造成深入人心的品牌，才能真正实现价值最大化。这就要求企业在重视商标注册和维权的同时，更要注重长期的品牌培育和管理。

三、品牌形成过程

企业要在品牌战略、品牌定位、品牌传播等多个方面持续不断地努力。在跨境电商这一特定领域，品牌的形成更需要考虑到不同国家和地区的文化差异、消费习惯等因素。

跨境电商品牌的形成需要明确的品牌战略作为指引。企业需要深入分析目标市场的特点，了解当地消费者的需求和偏好，在此基础上确定品牌的核心价值主张和独特卖点。这一过程需要企业具备敏锐的市场洞察力和前瞻性思维，能够准确把握市场趋势和机遇。

在明确品牌战略后，要精准定位品牌。跨境电商品牌需要在目标市场中找准自己的位置，以差异化的形象和独特的价值主张赢得消费者的认可。这就需要企业深入了解目标消费群体的特点，洞悉其潜在需求和痛点，并以此为基础塑造品牌个性和形象。成功的品牌定位能够让品牌在消费者心智中占据独特位置，形成清晰、鲜明、与众不同的品牌联想。

品牌传播是将品牌形象和价值主张传递给目标消费者的过程。在跨境电商领域，品牌传播需要充分利用数字化营销手段，通过社交媒体、搜索引擎、自有网站等多种渠道，以本地化的方式与消费者互动。企业需要创造出契合目标市场文化特点、能够引起共鸣的品牌故事和内容，通过持续一致的品牌沟通，建立起牢固的品牌认知和情感联系。同时，优质的产品和服务是品牌传播的基石，只有不断提供超出消费者期望的使用体验，才能真正赢得口碑，实现品牌美誉度的提升。

跨境电商品牌的形成需要重视本地化运营和品牌管理。不同国家和地区在语言、法律法规、支付习惯等方面存在差异，企业需要因地制宜地调整运营策略，提供符合本地需求的购物体验。同时，对于品牌资产的管理也需要跨文化思维，既要维护品牌的一致性，又要尊重不同市场的特点，在标准化与差异化之间找到平衡。

四、品牌对社会和经济的影响

（一）品牌对社会的影响

1. 推动经济社会的可持续发展

品牌作为经济社会的重要组成部分，拥有雄厚的资源和广泛的影响力。它们通过开发绿色产品、优化生产流程、减少污染排放等举措，能够引领行业走向环境友好型发展。同时，品牌还可以利用自身优势，为解决社会问题贡献力量。例如，在教育、医疗、扶贫等领域提供资金和技术支持，帮助改善弱势群体的生存状况。这些行为不仅彰显了品牌的社会担当，也为构建和谐社会奠定了基础。

2. 引领消费趋势，塑造消费文化

一个成功的品牌往往代表着特定的生活方式和价值追求。当品牌的理念与消费者的需求一致时，就会形成强大的号召力，吸引更多人追随其倡导的生活方式。

3. 传播民族文化

在全球化时代，民族品牌的崛起是文化自信的重要体现。许多民族品牌将本土文化元素融入产品设计和品牌理念，向世界展示独特的文化魅力。民族品牌的成功不仅为本国经济增长注入新动力，也增强了文化自信和民族自豪感。

（二）品牌对经济的影响

1. 品牌对消费行为的影响

品牌是消费者对企业及其产品或服务形成的总体认知和评价，它深刻影响着消费者的购买决策和行为。一个成功的品牌能够在消费者心中建立起独特的形象和价值主张，引导消费者产生积极的情感连接，提升消费者的信任度和忠诚度。品牌价值的塑造过程，实质上就是企业与消费者持续互动、建立信任关系的过程。

从经济学的视角来看，品牌对消费行为的影响主要体现在降低搜索成本、降低感知风险和提供内在满足三个方面。第一，知名品牌往往代表着高质量和良好口碑，消费者选择熟悉的品牌能够显著降低信息搜索和产品比较的时间成本。第二，品牌承载着企业对产品和服务质量的承诺，消费者购买知名品牌产品时，感知到的性能风险和金钱风险都会大幅降低。第三，品牌背后蕴含的文化内涵能够满足消费者在产品使用过程中对心理和社会属性的需求，带来额外的情感愉悦和自我认同。

2. 品牌在市场竞争中的作用

第一，品牌能够为产品溢价，提升企业盈利水平。消费者往往愿意为知名品牌支付更高的费用，这是因为强势品牌代表着优质的产品性能和服务保障。品牌溢价使得企业能够获得更高的利润率，增强企业的抗风险能力。

第二，品牌有助于提升产品市场占有率，巩固企业的行业地位。消费者对知名品牌往往有较高的忠诚度和信任度，这使得企业能够维系稳定的客户群体。品牌忠诚度还能够降低消费者的转换成本，提高企业产品的复购率。

第三，品牌是企业进行市场细分、实施差异化战略的重要工具。不同的品牌可以针对不同的细分市场，满足消费者的多样化需求。各具特色的品牌有助于企业实施差异化战略，在同质化严重的市场中脱颖而出。宝洁公司旗下拥有多个洗涤用品品牌，如碧浪、汰渍等，各个品牌在定位、功能、价格等方面各有侧重，这有效地帮助宝洁覆盖了洗涤用品市场的各个细分领域。

第四，品牌能够发挥市场引导作用，创造消费需求。一个成功的品牌不仅要满足消费者现有的需求，更要引领消费趋势，创造新的消费热点。品牌的引导作用能够带动整个行业的发展，推动产业升级。

五、品牌价值的提升

（一）品牌识别价值的提升

品牌识别价值直接关系到企业能否在市场竞争中脱颖而出，赢得消费者的认可和青睐。一个具有高度识别度的品牌，不仅能够提升产品或服务的知名度，还能够在消费者心中建立起独特的品牌形象，增强品牌的吸引力和号召力。

要提升品牌的市场识别度，就要明确品牌定位，找准目标消费群体。只有深入洞察消费者的需求和偏好，才能设计出符合其审美趣味的品牌元素，如品牌名称、标志、色彩等。这些元素应当具有鲜明的个性和辨识度，能够在众多同类品牌中被一眼识别。

品牌识别需要借助多渠道、多形式的传播手段。在当今时代，仅靠单一平台或传统媒体已难以触达广大受众。企业应积极拓展线上线下渠道，利用社交媒体、视频平台、搜索引擎等新兴媒体，通过创意内容吸引目标消费者的注意力。同时，线下体验店、品牌活动等方式，可以让消费者直观地感受品牌魅力，加深品牌印象。

优质的产品和服务是品牌识别的根本保证。再精美的包装、再响亮的口号，如果没有过硬的产品质量作支撑，品牌形象也将如同空中楼阁，难以长久。只有不断提升产品性能，优化服务体验，以实际行动践行品牌承诺，才能赢得消费者的信赖和拥护。品牌识别需要企业在生产、营销、服务各个环节精益求精、持之以恒。

品牌识别离不开独特的品牌文化。品牌文化是企业文化的集中体现，是凝聚人心、激励员工的精神旗帜。富有感染力的品牌故事，励志人心的品牌理念，都能引发消费者的情感共鸣，提升品牌亲和力。

（二）品牌信赖价值的提升

在当前竞争日益激烈的跨境电商市场中，赢得消费者的信任已经成为品牌制胜的关键。那么，如何才能建立和提升品牌信赖价值呢？

1. 品牌需要始终坚持诚信经营的理念

诚信是品牌信赖的基石，只有对消费者诚实守信，提供优质的产品和服务，才能赢得消费者的青睐和信任。在跨境电商领域，由于买家和卖家之间地理距离和信息不对称，更需要卖家通过诚信经营来消除买家的顾虑。具体来说，卖家应该如实描述商品信息，提供清晰、准确的产品图片和说明，对商品质量进行严格把控，确保消费者收到的产品与描述相符。同时，卖家还应该提供完善的售后服务，积极处理消费者反馈的问题，让消费者感受到品牌的责任心和诚意。

2. 品牌需要不断提升产品和服务质量

产品质量是品牌信赖的根本保证，只有不断改进产品工艺，提高产品性能，才能让消费者真正认可品牌的价值。在跨境电商领域，消费者无法亲自体验和比较产品，更加依赖于品牌的口碑和评价。因此，品牌应该致力于打造精品，为消费者提供高品质、高性价比的产品。同时，品牌还需要不断创新，紧跟市场趋势，开发出满足消费者需求的新产品，以此来巩固消费者的信任。

3. 品牌需要加强与消费者的情感沟通

情感连接是品牌信赖的重要纽带，只有与消费者建立起情感共鸣，才能真正走进消费者的内心。在跨境电商领域，品牌更需要通过多种渠道与消费者互动，传递品牌的价值主张和独特个性。例如，品牌可以通过社交媒体平台分享品牌故事，展示品牌文化和理念；可以邀请消费者参与产品设计和改进，增强消费者的参与感和归属感；可以开展各种主题营销活动，引起消费者的兴趣和共鸣。通过这些努力，品牌可以拉近与消费者之间的距离，建立起深厚的情感纽带。

4. 品牌需要重视口碑营销和社会责任

在信息高度透明的互联网时代，消费者越来越相信其他消费者的评价和反馈。因此，品牌需要通过优质的产品和服务积累正面口碑，鼓励消费者主动分享使用体验和心得。与此同时，品牌还应该积极履行社会责任，投身于环保、公益等领域，以实际行动回馈社会，提升品牌形象。当消费者看到品牌在承担社会责任、贡献社会价值时，也会对品牌产生更加积极、正面的印象，从而加深对品牌的信任。

（三）品牌传承价值的提升

品牌传承价值体现在品牌如何传递企业的文化理念，将企业的精神内涵融入品牌之中，形成独特的品牌个性和内涵。这种传承不仅仅局限于品牌符号和产品特征，更深层次地体现在品牌所倡导的生活方式、价值追求和人文情怀上。

优秀的品牌往往能够跨越时空，传承百年而不衰。它们之所以拥有如此持久的生命力，关键就在于深厚的文化底蕴和鲜明的价值主张。这些品牌将企业的发展历程、行业洞见、社会责任感等融入品牌形象塑造中，使品牌具有了丰富的内涵和饱满的个性。当消费者选择这些品牌时，不仅仅是在购买一件商品，更是在追求一种生活态度和精神寄托。

以老字号品牌为例，它们往往传承了一个行业的发展史，积淀了深厚的文化底蕴。通过独特的品牌故事和精湛的工艺，这些品牌向世人诉说着一个时代的记忆，传递着一种文化的精髓。消费者在使用其产品的过程中，也仿佛参与到了这一传奇的延续，感受到历史的厚重和文化的魅力。这种文化认同感是品牌传承价值的重要体现。

任何成功的品牌都需要挖掘自身的传承价值，用品牌的语言去诠释企业的核心理念。这需要品牌管理者深入思考企业的发展脉络、社会角色定位、人文关怀等问题，进而提炼出引以为傲的品牌内核。只有如此，品牌才能在传承发展中不断焕发生机，赢得消费者的尊重和信赖。

品牌传承需要一以贯之的价值追求和长期不懈的经营。其中既包括了产品品质的不断提升，对工艺技术的精益求精，也涵盖了品牌内涵的与时俱进，对时代风尚的敏锐洞察。唯有在传承中不断创新，在创新中延续传承，品牌才能基业长青，经久不衰。

第二节　品牌建设的要素与步骤

一、品牌定位与目标市场选择

（一）市场细分与品牌定位理论

在跨境电商日益繁荣发展的时代背景下，如何根据市场需求精准划分目标市场、建立独特的品牌定位，已经成为众多企业实现差异化竞争、赢得消费者青睐的关键所在。品牌定位理论为企业实现这一目标提供了系统、科学的思路和方法。品牌定位理论认为，成功的品牌必须在消费者心智中占据独特、突出的位置。这就要求企业深入洞察目标市场的特点和需求，选择最能体现自身优势、满足目标消费者需求的属性或利益，将其作为品牌的核心诉求。通过长期一致的市场沟通，在消费者心智中树立起鲜明、良好的品牌形象，从而实现品牌资产的积累和增值。

具体而言，跨境电商品牌的市场细分和定位需要遵循以下步骤：一是市场细分，即根据地域、人口统计、心理特征、行为等变量，将市场划分为若干个有相似需求特征的消费者群体。这一过程需要收集大量的市场信息，运用统计分析等方法，识别不同细分市场的规模、特点、购买力、增长潜力等关键指标。二是选择目标市场，企业需要评估不同细分市场的吸引力、自身资源禀赋和竞争优劣势，选择最具市场潜力、最契合自身特点的细分市场作为主攻方向。三是品牌定位，企业需要确定在目标消费者心智中要占据的位置，提炼出最能代表品牌特色、针对目标市场需求的核心概念，并围绕这一定位概念设计产品、价格、渠道、促销等市场营销组合策略。

以某跨境电商品牌为例，其市场细分和定位策略值得借鉴。该商家瞄准了全球的年轻女性市场，通过大数据分析掌握了这一群体在时尚服饰方面的喜好特征，并以“快时尚”为品牌定位，快速响应流行趋势，不断更新产品，以高性价比满足消费者多样化、个性化的服装需求。基于这一定位，该商家在产品设计、营销推广、供应链管理等方面进行了全链条优化，树立起“全球快时尚代名词”的品牌形象，跃升为跨境电商领域的佼佼者。

品牌定位是一个不断深化、创新、完善的过程。跨境电商品牌需要通过市场调研、用户画像分析等方式持续洞察目标消费者需求的变化，优化品牌定位，更新营销策略。品牌定位需要与企业的发展阶段、战略目标相匹配。跨境电商品牌应根据自身在全球市场的拓展进程，对品牌定位进行动态调整，既要保持定位的一致性，又要顺应市场变化进行创新迭代。技术创新、商业模式创新、渠道创新等也是促使跨境电商品牌重塑定位的重要驱动力。企业应立足全球市场形势，把握创新趋势，探索融合线上线下、社交电商等新型业态，重构品牌定位，开创差异化竞争新优势。

（二）定位策略实践

品牌定位策略的实践需要建立在对目标市场深入洞察的基础之上。企业必须全面了解目标消费者的需求、偏好、购买行为等，才能准确识别市场机会，制定出与之相匹配的品牌定位策略。

品牌定位的核心在于差异化，即在消费者心智中占据独特、鲜明的位置。这就要求企业在品牌定位时，立足自身优势和特色，避免盲目模仿竞争对手，而是要从品类中脱颖而出。

品牌定位需要长期坚持，并随着市场环境和消费需求的变化而动态调整。企业要时刻关注市场动向，捕捉新的机遇，同时保持品牌定位的连贯性和一致性。

品牌定位的落地离不开系统的传播策略和执行方案。企业需要围绕目标消费者，选择恰当的传播渠道和表现形式，将品牌理念、价值主张有效传递给消费者。

二、品牌形象设计与传播

（一）品牌视觉元素设计

品牌视觉元素设计是塑造品牌形象的关键环节，它通过 LOGO、色彩、字体等视觉符号，将品牌内涵以直观、生动的方式呈现给目标消费者，在潜移默化中影响其对品牌的认知和情感。对于跨境电商企业而言，精心设计品牌视觉元素，建立独特、统一的视觉识别系统，对于在异域市场站稳脚跟、赢得消费者的青睐至关重要。

1. LOGO 设计

LOGO 是品牌视觉识别的核心要素，它以简洁、醒目的图形化方式传达品牌理念，代表了品牌的整体形象。一个优秀的 LOGO 设计应该具备识别性、记忆性、传播性、延展性等特点。跨境电商企业在设计 LOGO 时，需要充分考虑目标市场的文化背景、审美趋向，选取易于辨识、易于传播的图形符号。LOGO 设计应体现品牌的独特价值主张，与品牌定位相一致，引发消费者的情感共鸣。

2. 色彩搭配

不同的色彩搭配能够唤起人们不同的情绪反应，传达出不同的品牌个性。例如，红色往往给人热情奔放、充满活力的印象，蓝色则更多与沉稳、专业联系在一起。跨境电商企业应根据品牌调性和目标受众特点，选择恰如其分的品牌色彩，并在各类视觉传达物料中保持一致，形成鲜明的色彩识别。值得注意的是，不同国家和地区对色彩的文化寓意有所差异，企业需要进行充分的市场研究，避免选用不恰当的色彩而产生负面影响。

3. 字体设计

恰当的字体选用能够强化品牌个性，提升视觉吸引力。例如，硬朗有力的字体更适合男性化品牌，娟秀婉约的字体则与女性化品牌更加契合。在进行跨境品牌传播时，企业需要因地制宜地选择字体，综合考虑当地语言文字特点、审美习惯等因素，力求在保持品牌统一性的同时，最大限度地贴合当地消费者的阅读习惯。此外，字体版权也是不容忽视的问题。企业在使用商业字体时，需要获得相应授权，以免陷入法律纠纷。

除了 LOGO、色彩、字体等基本要素外，品牌视觉识别系统还包括图形、图案、质感等多方面内容。这些视觉元素的巧妙运用能够丰富品牌形象，增强品牌的立体感和辨识度。跨境电商企业需要选取最能代表品牌特质的视觉元素融入识别系统，形成和谐统一、富有辨识度的视觉语言。

（二）品牌传播途径

品牌传播是塑造品牌形象，赢得消费者青睐的关键环节。在跨境电商领域，有效的品牌传播更是面临着挑战和机遇。不同的媒介渠道对品牌形象的传播效果有着显著影响，只有综合运用各类传播途径，才能最大化品牌传播的影响力。

从传统媒体看，电视、广播、平面等大众媒体是提高品牌知名度和美誉度的重要阵地。跨境电商品牌可以通过投放电视广告、平面广告等方式，快速提升品牌曝光度，传递品牌理念。尤其是在目标市场，借助当地主流媒体的公信力，更易赢得消费者的信任。与此同时，户外广告、机场广告等场景化媒体触达消费者的路径更为直接，有助于强化品牌印象。

数字媒体的崛起为跨境电商品牌传播带来了新的契机。移动互联网时代，消费者更多地通过社交媒体、视频网站、搜索引擎等渠道获取品牌信息。跨境电商品牌应积极布局数字媒体阵地，通过自有媒体平台，持续产出优质内容，与消费者保持密切互动。同时，借助直播等方式，可以更有效地将品牌讯息精准传递给目标受众。

不同市场的媒介生态存在差异，跨境电商品牌需要因地制宜，选择最契合当地消费者媒介使用习惯的传播渠道组合。例如，在以短视频为主流的东南亚市场，投放短视频平台广告往往效果显著；在重视隐私保护的欧美市场，则需更多考虑如何通过优质内容吸引消费者主动搜索、关注品牌。同时，热点事件营销、跨界合作等创新传播方式的运用，更能激发品牌传播的活力。

口碑传播是一种重要的传播途径。消费者对品牌的评价和分享，往往比品牌自身的宣传更具说服力。跨境电商品牌应重视客户服务，通过优质的产品体验和服务，促进正面口碑的形成。同时，积极引导消费者进行评论分享，善用UGC 内容，将满意客户转化为品牌传播者，裂变式扩大品牌影响力。

三、品牌核心理念

品牌价值观和文化是品牌建设的灵魂所在，它凝聚了品牌的核心理念，是指引品牌发展方向的精神支柱。对于跨境电商企业而言，树立鲜明的品牌价值观，培育独特的品牌文化，对于提升品牌竞争力、赢得海外消费者的认同感具有重要意义。

品牌价值观是品牌所秉持的基本信念和追求，它体现了品牌的社会责任感和人文情怀。跨境电商企业要结合自身定位和目标市场特点，确立契合消费者需求的品牌价值观。一方面，品牌价值观应体现企业对产品质量、服务水平的承诺，彰显对消费者利益的重视；另一方面，品牌价值观还应涵盖更广泛的社会责任，如环境保护、公益慈善等，展现品牌的大爱情怀。只有将这些积极向上的理念融入品牌形象，才能真正赢得消费者的信赖和尊重。

品牌文化则是围绕品牌价值观而形成的行为规范和精神风貌，它渗透在企业经营管理的方方面面。跨境电商企业要通过持续的品牌文化建设，将品牌文化转化为全体员工的自觉行动。一方面，要通过企业文化培训、品牌故事传播等方式，增强员工对品牌价值观的认同感，使其成为推动品牌发展的内生动力；另一方面，还要将品牌文化落实到产品设计、营销策划、客户服务等具体环节，让消费者在潜移默化中感受到品牌的独特魅力。优秀的品牌文化能够凝聚人心、激发创造力，为跨境电商企业的可持续发展提供源源不断的动力。

树立品牌价值观、培育品牌文化是一个循序渐进、持之以恒的过程。跨境电商企业要从自身实际出发，因地制宜地制定品牌价值观体系和文化建设方案。在实践中，要注重加强与消费者的情感沟通，通过讲好品牌故事、传播品牌理念，不断强化品牌形象。同时，还要与时俱进地调整品牌价值观和文化内涵，使其始终与消费者需求和市场环境保持同步。只有经过长期不懈的努力，才能真正将品牌价值观和文化内化于心、外化于行，塑造出富有感染力和号召力的跨境电商品牌形象。

四、品牌管理与维护策略

（一）品牌监控与评估

品牌监控与评估为品牌的健康发展提供了科学依据和决策支持。随着市场竞争的日益激烈和消费者需求的不断变化，品牌面临的挑战和风险也与日俱增。因此，建立系统、全面的品牌监控与评估体系，已经成为众多跨境电商企业的迫切需求和共同选择。

品牌监控是指运用各种手段和工具，持续跟踪、收集和分析品牌在市场中的表现数据，包括品牌知名度、美誉度、忠诚度等关键指标。通过品牌监控，企业能够及时发现品牌发展中的问题和不足，预警潜在的市场风险，从而采取针对性的应对策略。例如，跨境电商企业可以利用社交媒体监测工具，实时捕捉消费者对品牌的评价和反馈，分析品牌口碑的走势和变化。一旦发现负面舆情或危机苗头，企业就可以迅速启动危机公关预案，最大限度地减少品牌形象和声誉的损失。

品牌评估则更侧重于对品牌价值和资产的测量和评判。通过科学的评估模型和方法，企业可以客观地衡量品牌在消费者心中的地位和影响力，审视品牌战略的有效性和执行力。品牌评估的内容非常广泛，既包括对品牌财务价值的评估，如品牌溢价、销售收入等；也包括对品牌非财务价值的评判，如品牌联想、个性等。例如，跨境电商企业可以定期开展品牌资产评估，综合考察品牌知名度、认知度、满意度等多个维度，形成品牌健康发展的整体画像。根据评估结果，企业可以优化品牌发展战略，聚焦品牌建设的关键领域和核心环节。

构建品牌监控与评估体系需要企业高度的重视和持续的投入。第一，企业要建立专门的品牌管理部门，配备专业的品牌管理人才，负责品牌监控与评估工作的统筹规划和落地执行。第二，企业要选择合适的监控与评估工具，搭建数据采集、分析和应用的技术平台，为品牌决策提供坚实的数据支撑。第三，企业要制定科学的监控与评估指标体系，确保评估结果的全面性、客观性和可比性。第四，企业要将品牌监控与评估融入品牌管理的各个环节，形成“监控—评估—优化—提升”的良性循环。

（二）品牌重塑与危机管理

品牌危机是企业在发展过程中不可避免会遇到的挑战，如何及时、有效地应对危机，维护品牌形象，是每个企业都必须面对的课题。品牌重塑是企业在遭遇危机后，为挽回消费者信任、重建品牌形象而采取的一系列战略举措。它需要企业全面审视自身存在的问题，制定科学的应对方案，并付诸行动。

一是企业要迅速评估危机的性质和影响，判断危机的根源究竟在哪里。是产品质量出现问题？是服务不到位引发消费者不满？还是企业决策失误导致品牌形象受损？唯有准确定位问题所在，才能对症下药，制定有针对性的应对策略。

二是企业要积极与消费者沟通，诚恳地承认错误，表达歉意，并承诺尽快改正。在这个过程中，企业要展现出负责任的态度和行动，用实际行动赢得消费者的谅解和支持。

三是企业要着手重塑品牌形象，重新定位品牌价值主张。这可能需要企业调整产品设计、优化服务流程、改进管理模式等，以全新的面貌重新赢得消费者的信任。品牌重塑不是一蹴而就的，它需要企业付出长期的努力，持之以恒地为消费者创造价值。

四是企业要总结危机应对的经验教训，完善危机管理机制，增强风险防范意识。品牌危机往往带有偶发性和不可预测性，企业要时刻保持警惕，建立完善的预警机制和应急预案，提高应对危机的能力。同时，要加强企业内部管理，完善质量控制体系，杜绝危机的再次发生。

五、品牌创新策略

（一）创新与品牌成长

创新是品牌成长的不竭动力，是企业在激烈的市场竞争中脱颖而出的关键法宝。在跨境电商的舞台上，品牌创新尤为重要。身处异国市场，面对文化差异和消费习惯的差异，跨境电商品牌要想立足，创新无疑是制胜的法宝。

创新驱动品牌成长，其作用体现在方方面面。从产品层面看，创新能够满足消费者日益增长的个性化需求，不断推陈出新，以差异化的产品赢得市场青睐。对于跨境电商而言，洞察目标市场消费者需求，开发符合其文化背景和使用习惯的创新产品，是打开市场大门的金钥匙。

从营销层面看，创新可以为品牌注入新的活力，吸引消费者眼球。传统营销模式已难以适应数字化时代的变革，跨境电商更需要创新的营销手段和渠道。社交媒体营销、直播带货等新兴营销方式，为跨境电商品牌提供了更多展示自我、吸粉引流的机会。成功的营销创新案例不胜枚举。例如，某美妆品牌通过在社交平台上与消费者互动，鼓励用户分享使用体验和真实反馈，以口碑传播带动品牌增长，仅用了四年时间就成长为独角兽企业。

品牌理念和文化的创新，是推动品牌深度发展的内在力量。优秀的品牌不仅要有过硬的产品质量，更要有鲜明的个性和价值主张。品牌理念是品牌的灵魂，是区别于其他品牌、赢得消费者认同的核心要素。对于跨境电商品牌而言，如何在不同文化背景下，找准自身定位，创新塑造符合当地消费者需求的品牌形象，是一个值得深入思考的问题。

（二）品牌创新的内容

品牌创新是企业保持竞争优势、适应市场变化的关键。在跨境电商领域，面对多变的国际市场环境和日益激烈的竞争，企业更需要通过持续不断的创新来巩固品牌地位，开拓新的增长点。品牌创新一般是围绕产品、服务、营销等方面展开的。

1. 产品创新

产品创新是品牌创新的核心，它决定了品牌的市场竞争力和消费者认可度。对于跨境电商企业而言，产品创新不仅要考虑目标市场消费者的需求特点，还要充分利用全球优质供应链资源，开发出独具特色、高性价比的产品。同时，产品创新还需要与时俱进，紧跟行业发展趋势和技术进步步伐，不断推陈出新。例如，随着绿色消费理念的兴起，跨境电商企业可以加大对环保、健康类产品的研发力度，推出天然、有机、可持续的产品系列，满足消费者对高品质生活的追求。

2. 服务创新

服务创新有助于提升品牌价值、增强客户黏性。在跨境电商领域，服务创新不仅包括售前咨询、售后支持等传统环节，还涉及物流配送、支付结算、退换货处理等专业领域。跨境电商企业要根据不同市场的消费习惯和法律法规，量身打造个性化、多元化的服务体系。例如，针对跨境物流难题，企业可以与当地优质物流服务商合作，开发出快速、安全、低成本的多式联运解决方案。又如，企业可以建立多语言、多时区的客户服务中心，为全球消费者提供7×24小时的专业支持。服务创新不仅能够提升消费者购物体验，还能塑造品牌专业、贴心的形象。

3. 营销创新

营销创新有助于实现品牌差异化、提升品牌曝光度。跨境电商企业要充分利用数字营销工具和平台，开展精准、高效的品牌推广活动。一方面，企业可以基于大数据分析，深入洞察目标消费者的需求偏好、行为习惯，实现个性化精准营销。另一方面，企业可以与社交媒体平台等展开跨界合作，借助其强大的流量入口和影响力，迅速提升品牌知名度。同时，营销创新还要注重互动体验，通过有趣的故事叙述、有料的内容输出，吸引消费者眼球，引发情感共鸣。例如，企业可以策划跨国直播活动，邀请当地网红与消费者实时互动，展示产品功能，传递品牌理念。这些富于创意的跨文化营销方式，能够有效激发消费者兴趣，提升品牌美誉度。

品牌创新还需要与企业文化、组织机制等内部因素深度融合。跨境电商企业要构建创新友好型企业文化，鼓励员工大胆尝试、宽容失败，为创新创造提供沃土。同时，企业还要打造柔性高效的组织机制，建立专门的创新部门或项目组，赋予其充分的人力、物力支持和决策自主权。

第三节　品牌建设模型

一、品牌建设模型的基本构成

（一）品牌个性化要素的设计

品牌个性化要素涵盖了品牌视觉识别系统、品牌传播语言、品牌情感表达等，企业需要从消费者洞察出发，精准定位品牌个性，并通过系统化设计予以充分体现。

一是视觉识别系统的设计。视觉识别系统包括品牌标志、色彩、字体、包装等视觉元素，是消费者感知品牌个性的直观载体。优秀的视觉识别系统应该独特、一致、易于识别，能够准确传达品牌个性。

二是品牌传播语言的设计。恰如其分的品牌口号、广告语、故事叙事等，能够深化消费者对品牌个性的理解和认同。优秀的品牌传播语言应该生动、富有感染力，引发消费者共鸣。

三是品牌情感表达。品牌情感表达是将品牌个性人格化，通过情感互动拉近与消费者的距离。成功的品牌情感表达能够构建情感纽带，提升消费者忠诚度。

品牌个性化要素的设计需要与产品定位、目标消费者、市场环境等因素相匹配。过度设计可能会喧宾夺主，模糊品牌核心价值；而同质化设计则容易淹没在竞品之中，丧失辨识度。品牌管理者需要找准平衡点，在个性化表达与品牌一致性之间寻求最优解。

（二）品牌沟通体系的构建

品牌信息传递需要构建一套科学、完备的品牌沟通体系，确保品牌理念、价值主张等核心信息能够高效、准确地传递给目标受众。

构建品牌沟通体系要基于对目标市场、消费者洞察的深入分析。企业需要全面了解目标消费者的人口特征、消费习惯、媒介接触行为等，据此确定最佳的传播渠道组合和传播策略，实现信息传递的精准触达。

品牌沟通体系的构建要体现出整合性，充分利用多种传播渠道形成合力。除了传统的广告宣传，还要注重社交媒体互动、体验式营销、口碑传播等多元化沟通方式，增强品牌信息传递的立体感和影响力。为了实现“随时随地”的信息触达，移动互联网渠道的运用尤为关键。

品牌沟通体系的构建要注重内容营销，用优质、有价值的内容吸引目标受众主动接受品牌信息。企业可以策划与品牌调性相符的专题内容，或邀请意见领袖进行品牌背书，提升内容的权威性和传播性。在信息传递的过程中，视觉传达也不容忽视。通过 VI 设计、广告创意等塑造出独特、醒目的视觉形象，能够强化品牌记忆点，增强信息传递效果。品牌沟通还要建立常态化的互动机制，通过客户关系管理、社群运营等方式，持续强化与目标受众的连接。用户的反馈、评价等都是优化品牌沟通的重要依据。

品牌沟通体系的构建离不开专业化的策划和执行。企业需要组建专门的品牌传播团队，或与专业的品牌咨询、广告公司等开展战略合作，借助外脑提升品牌沟通的专业度。在推广执行过程中，还要加强各部门、各区域市场之间的协同，确保沟通策略得以高效落地。同时，有效的监测评估不可或缺。通过追踪品牌关键指标的变化，例如品牌认知度、美誉度、用户满意度等，动态优化品牌沟通策略，并及时调整传播投放量级，确保投入产出实现最大化。

二、品牌建设模型的分类与特点

（一）AIDA 模型

AIDA 模型作为一种经典的品牌建设模型，为企业构建品牌战略提供了系统性的指导框架。该模型基于消费者的心理认知过程，将品牌塑造过程划分为注意（Attention）、兴趣（Interest）、欲望（Desire）、行动（Action）四个关键阶段。每个阶段对应着消费者与品牌互动的不同层次，需要企业采取针对性的营销策略加以引导和深化。

1. 注意阶段

注意阶段是品牌建设的起点，其目标在于吸引消费者的注意力，使其对品牌产生初步认知。在信息时代，要实现这一目标绝非易事。企业需要通过独特的品牌识别要素，如 LOGO 设计、品牌名称、广告语等，在众多同类品牌中脱颖而出。同时，企业还需投放高频次、高到达率的广告，利用多渠道触达目标受众，提升品牌曝光度。创意营销和事件营销等方式也能有效吸引消费者眼球，为品牌积累初始关注度。

2. 兴趣阶段

兴趣阶段旨在加深消费者对品牌的了解和好感，唤起其进一步探索的欲望。在这一阶段，企业需要围绕品牌核心价值，讲述引人入胜的品牌故事，传递与目标消费者情感共鸣的品牌理念。通过生动形象的内容营销，企业可以满足消费者的信息需求，建立品牌专业性形象。举办线上线下互动活动，鼓励消费者参与其中，也能拉近品牌与消费者的距离，为深度链接创造契机。

3. 欲望阶段

欲望阶段的核心在于将消费者对品牌的兴趣转化为购买动机，激发其对产品或服务的渴望。这就要求企业在产品设计和服务提供上下足功夫，以高品质、高性价比的产品满足消费者的功能性需求。同时，企业还需积极传播品牌使用场景和消费体验，让消费者感受到选择该品牌带来的心理和社会价值。利用KOL（关键意见领袖）营销，也能有效提升品牌吸引力，刺激消费者的购买欲望。

4. 行动阶段

行动阶段的目标是引导消费者完成购买决策，建立起稳定的消费忠诚度。除了打造顺畅的购买渠道，简化消费者的购物流程外，企业还需重视售后服务体系的搭建。完善的退换货机制、及时周到的客户响应，都能提升消费者的购后满意度，强化品牌信任感。通过会员制度和促销活动，企业可以鼓励消费者重复购买，提高客单价和复购率。此外，引导消费者主动传播正面口碑，将个人喜好转化为社交分享，也是培养品牌拥护者的有效手段。

AIDA 模型虽然简洁明了，但其背后隐含着消费心理和品牌传播的诸多规律。企业在运用该模型指导实践时，需要结合自身业务特点和受众属性，灵活调整各阶段的营销重点。同时，AIDA 模型关注的是单个消费者的认知过程，但品牌建设的最终目标是塑造品牌资产，实现长期、整体的品牌价值提升。这就要求企业在依循 AIDA 法则的同时，还需统筹考虑品牌定位、品牌个性、品牌识别等诸多要素，全面系统地推进品牌建设工作。唯有如此，才能真正实现基于消费者洞察的、持续成长的、具有竞争优势的品牌塑造。

（二）Keller 的品牌资产模型

Keller 的品牌资产模型是理解现代品牌建设的重要理论基础。该模型从多个维度剖析了品牌资产的构成要素，为品牌管理实践提供了系统的分析框架。根据 Keller 的观点，品牌资产可以分为品牌知名度、品牌形象、感知质量、品牌认同等几个核心维度。

品牌知名度是消费者对品牌的认知程度，是品牌资产金字塔的塔基。只有消费者对品牌有一定了解，才会在购买决策中优先考虑该品牌。因此，提升品牌知名度是品牌建设的首要任务。这需要企业通过广告宣传、公关活动等多种营销手段，不断强化品牌在消费者心智中的存在感。

品牌形象则关乎消费者对品牌个性特征的认知。每一个成功的品牌都有鲜明的个性，能够在消费者心中建立独特的联想。例如，可口可乐代表着快乐、青春与活力，耐克象征着激情、突破与不断进取。塑造积极向上、与目标消费群体契合的品牌个性，是提升品牌形象的关键。

感知质量反映了消费者对产品或服务品质的主观评价。品牌并非总是意味着更高的客观质量，但消费者往往会将自己喜爱的品牌与优质画等号。因此，品牌经营者必须重视产品研发，不断改进工艺，以真正的品质赢得消费者的信赖。同时，还要注重品牌传播，让消费者感受到品牌背后的匠心和专业。

品牌认同是指消费者对品牌的情感依恋和忠诚度。当消费者对品牌产生认同感，便会形成稳定的购买行为。培育品牌认同需要企业用心经营客户关系，提供贴心周到的服务，让消费者时刻感受到品牌的关怀。情感营销、社群运营、会员制等都是行之有效的途径。

Keller 品牌资产模型的诸多维度环环相扣，共同构筑起强大的品牌力量。品牌知名度奠定了品牌发展的基石，品牌形象彰显了差异化优势，感知质量是获得信任的保障，品牌认同则意味着忠诚的用户基础。只有统筹兼顾、多管齐下，才能真正积累起恒久的品牌资产。

（三）品牌共鸣模型

品牌共鸣模型是指在品牌建设过程中，通过有针对性的品牌沟通策略，建立消费者与品牌之间情感连接的模型。这一模型强调品牌应超越功能属性，在情感层面与消费者产生共鸣，从而增强消费者对品牌的认同感和忠诚度。只有在情感层面实现品牌共鸣，才能真正赢得消费者的心智，实现品牌价值的最大化。

品牌共鸣的建立需要精准把握目标消费者的消费需求、生活方式和情感诉求。品牌管理者应深入洞察消费者的内在需求，挖掘能够引起共鸣的情感触点，并将其融入品牌定位和传播过程中。例如，可口可乐的“快乐”主题、耐克的“Just Do It”口号都成功地抓住了消费者的情感诉求，引发广泛共鸣。这些品牌不仅提供优质的产品，更传递了积极向上的生活态度，与消费者形成了情感纽带。

在实践中，品牌共鸣的建立需要多维度、立体化的沟通策略。首先，品牌应塑造鲜明的个性化形象，通过独特的视觉符号、广告语等建立差异化认知。其次，品牌需要讲好自己的故事，以真实、动人的方式诉诸消费者的情感。再次，品牌应积极参与社会责任和公益活动，展现良好的企业公民形象，赢得消费者的尊重和信赖。此外，品牌还需要通过社交媒体、体验式营销等新兴手段，与消费者开展互动交流，拉近情感距离。唯有全方位渗透消费者的生活空间，才能真正实现情感共鸣。

三、品牌建设模型的应用

（一）用于初创品牌的市场进入

对于初创品牌而言，选择合适的品牌建设模型对于实现市场突破、快速获得消费者认可至关重要。AIDA 模型作为一种经典的营销理论框架，能够为初创品牌的市场进入提供有益指导。

对于初创品牌，在 AIDA 模型的运用中需要重点关注前两个阶段。引起注意阶段，初创品牌要通过独特的品牌定位、鲜明的视觉符号、有创意的广告宣传等方式，在短时间内吸引目标消费者的眼球，让品牌在市场竞争中脱颖而出。唤起兴趣阶段，初创品牌需要通过深入洞察消费者需求，提供与众不同的产品价值主张，讲述动人的品牌故事，激发消费者进一步了解品牌的欲望。优秀的初创品牌在这一阶段往往能够与消费者建立情感共鸣，为后续的品牌认同奠定基础。

相比之下，对于初创品牌而言，AIDA 模型的后两个阶段则需要更长时间的积累和投入。激发欲望阶段，初创品牌要不断优化产品体验，提升服务质量，通过口碑传播让更多消费者产生购买冲动。促成行动阶段，初创品牌需要搭建便捷的购买渠道，设计诱人的促销活动，最终实现销售转化。这两个阶段对初创品牌的综合实力提出了更高要求，需要在前期积累足够的消费者信任度和美誉度。

除了 AIDA 模型，初创品牌在市场进入阶段还可以考虑品牌共鸣模型。该模型强调品牌与消费者之间的情感连接，通过塑造生动鲜明的品牌个性，讲述打动人心的品牌故事，唤起消费者的共情，从而加深品牌印象，提高品牌忠诚度。对于资源有限的初创品牌而言，品牌共鸣模型能够在短时间内建立起与目标消费者的情感纽带，为品牌的可持续发展创造有利条件。

无论是 AIDA 模型还是品牌共鸣模型，其成功运用都离不开初创品牌对目标市场和消费者的深入洞察。只有准确把握消费者的需求痛点、偏好特征和决策旅程，初创品牌才能设计出最契合市场的品牌建设方案，实现从 0 到 1 的突破。同时，初创品牌在选择品牌建设模型时，还需要充分评估自身的资源禀赋和竞争优势，确保模型框架与品牌定位相匹配，避免盲目跟风、贸然决策。

（二）用于成熟品牌的市场扩张

成熟品牌要在市场上保持领先地位，就必须采取适当的品牌维护策略。这不仅需要品牌管理者对市场环境和消费者需求有敏锐洞察，更需要构建科学、系统的品牌维护模型。借鉴业界成功实践，市场领导者的品牌维护应着重关注以下几个方面。

1. 持续提升产品品质和服务水平

成熟品牌之所以能在激烈的市场竞争中立于不败之地，很大程度上归功于其过硬的产品品质和优质的服务体验。因此，即便已处于领先地位，品牌也要坚持以消费者需求为导向，不断改进产品性能，优化服务流程，以高品质的产品和服务巩固品牌美誉度，维系消费者的忠诚度。

2. 积极创新，引领市场趋势

科技进步日新月异，消费者需求也随之变化。成熟品牌要避免故步自封，要勇于创新求变，将前沿科技与品牌特色相融合，开发契合市场需求的创新产品。同时，品牌还要创新营销方式，借助数字化工具，开拓新的传播渠道，吸引新生代消费群体。只有不断创新，才能引领潮流，确保品牌活力。

3. 深化品牌内涵

知名品牌不仅代表了优质的产品和服务，更承载了深厚的文化内涵和价值主张。品牌方应加强品牌故事的塑造和传播，凸显品牌的独特个性和人文关怀，加深消费者对品牌的情感认同。可以通过公益活动、社会责任等方式，将品牌内涵与社会价值有机结合，提升品牌形象，赢得消费者的尊重与信赖。

4. 重视用户体验

品牌要站在消费者的角度，全面梳理消费者的购买和使用旅程，找出其中的痛点和改进空间。通过个性化服务、智能化互动等方式，为消费者提供舒适、便捷、愉悦的体验，提高品牌黏性。要注重用户反馈，通过大数据分析洞察用户特征和偏好，实现精准营销，巩固用户忠诚度。

5．整合营销传播

面对日益分散的媒体渠道和多元化的受众群体，品牌需要制定整合营销传播策略，统一品牌声音，确保传播信息的一致性。要合理配置传播预算，针对不同目标受众，选择恰当的传播渠道组合，扩大品牌影响力。同时，要善用口碑营销，发动消费者自发传播，形成裂变式推广。

（三）用于转型品牌的重塑

在品牌重塑与市场再定位的过程中，选择适当的品牌建设模型是至关重要的。这些模型可以为品牌战略的制定提供理论基础和实践指导，帮助企业明确目标定位，优化资源配置，实现品牌价值的重塑和市场竞争力的提升。

针对转型期的品牌而言，品牌共鸣模型可能是一个理想的选择。该模型强调在情感层面建立品牌与消费者之间的紧密联系，通过塑造品牌个性、讲述品牌故事、创造独特体验等方式，唤起消费者的共鸣，重塑品牌形象。这对于转型期的品牌尤为重要，因为它们往往需要改变消费者既有的品牌认知，重新赢得目标市场的认同和信赖。通过品牌共鸣模型，企业可以有针对性地开展品牌营销活动，增强与消费者的情感互动，进而推动品牌价值的重塑。

转型期的品牌可以借鉴品牌资产模型，从品牌知名度、品牌联想、感知品质、品牌忠诚度等多个维度入手，系统评估品牌资产的现状，找出品牌重塑的关键抓手。在此基础上，企业可以制定切实可行的品牌重塑策略，包括优化品牌识别要素、创新营销传播方式、改善产品或服务质量、完善客户关系管理等，全方位提升品牌资产，重塑品牌价值。品牌资产模型为转型期的品牌重塑提供了清晰的路径和抓手，有助于企业厘清思路，抓住重点。

AIDA 模型可以为转型期的品牌重塑提供有益启示。该模型揭示了消费者购买决策的心理过程，包括引起注意、产生兴趣、激发欲望、采取行动四个阶段。对于转型期的品牌而言，如何在众多竞争对手中脱颖而出，吸引消费者的注意力至关重要。因此，企业可以运用 AIDA 模型，优化品牌触点设计，创新传播内容和形式，提高品牌曝光率和关注度。同时，要注重挖掘产品或服务的独特卖点，满足消费者的多元化需求，激发其购买欲望。最后，还要为消费者提供便捷的购买渠道和优质的服务体验，促使其采取实际行动。AIDA 模型为转型期的品牌重塑指明了方向，有助于企业优化营销策略，重塑品牌形象。

综合运用以上品牌建设模型，对于转型期的品牌重塑大有裨益。第一，品牌共鸣模型可以帮助企业在情感层面重建与消费者的连接，品牌资产模型则为品牌重塑提供了系统的思路和抓手。第二，AIDA 模型则指导企业优化营销策略，提高品牌曝光率和转化率。

在实践中，企业应根据自身特点和市场环境，灵活选择和运用这些模型，因地制宜地制定品牌重塑策略。同时，还要注重模型的优化与创新，结合新技术、新媒体、新零售等发展趋势，不断完善品牌建设模型，以适应市场变化和消费者需求。只有在理论指导与实践探索中不断前行，才能真正实现品牌的成功重塑和市场价值的再创造。

四、品牌建设模型的实施步骤

(一) 品牌调研与分析

品牌调研与分析对于准确把握市场环境、洞察消费者需求、了解竞争对手动向具有重要意义。通过系统、全面的品牌调研，企业能够获取丰富的市场信息和消费者洞察，为品牌战略的制定和执行提供坚实的数据支撑。

1. 市场环境分析

企业需要深入了解所处行业的发展现状、技术趋势、政策法规等宏观环境因素，以及细分市场的规模、增长率、消费特点等微观环境因素。通过系统梳理市场环境信息，企业能够准确把握市场机遇与挑战，识别潜在的风险与不确定性，从而为品牌战略的制定提供方向性指引。例如，跨境电商品牌可以通过分析海外目标市场的经济发展水平、人口结构、文化习俗等因素，评估市场潜力和进入难度，选择最具吸引力的目标国家和地区。

2. 消费者洞察

深入了解目标消费者的人口统计特征、消费行为、购买动机、痛点需求等，是制定有效品牌战略的关键。企业可以通过问卷调查、焦点小组访谈、在线社交媒体监测等多种方式，收集消费者数据和反馈意见。在此基础上，运用大数据分析技术，挖掘消费者的深层次需求和偏好，绘制具有针对性的消费者画像。这不仅有助于企业开发出满足消费者需求的产品和服务，还能够指导品牌定位、传播策略的制定，提升品牌与消费者之间的共鸣和连接。以跨境电商品牌为例，可以重点分析海外消费者对中国产品的认知和评价，他们的文化背景、消费习惯与国内消费者有何不同，在产品设计、包装策略、营销方式等方面需要做出哪些本地化调整。

3. 竞争对手分析

透过竞品动向和策略，企业能够更全面地认识行业竞争格局，评估自身的优劣势，找准差异化竞争的切入点。竞争对手分析的内容包括竞品的品牌定位、产品线布局、价格体系、渠道策略、营销活动等多个维度。企业应持续追踪主要竞品的动向，及时捕捉其战略调整和创新举措。同时，也要关注行业新进入者和潜在替代品的威胁。通过竞品对标分析，识别竞争优势和差距，才能“知己知彼，百战不殆”。对于跨境电商品牌而言，既要分析国内同业竞争对手的跨境布局，也要重点关注海外本土品牌和其他国家的进口品牌。只有深谙全球竞争格局，才能在激烈的国际市场竞争中，以差异化的品牌战略脱颖而出。

（二）品牌战略制定与执行

在品牌战略制定阶段，企业需要深入分析自身优势、目标市场特点以及竞争对手的策略，明确品牌定位和价值主张。这一过程需要企业高层的战略思考和决策，同时也需要市场、销售、运营等部门的紧密配合。通过系统的市场调研和数据分析，企业可以洞察消费者需求和偏好，找准品牌差异化优势，制定出切实可行的品牌战略规划。

在品牌战略执行阶段，跨境电商企业需要从产品、渠道、价格、推广等多维度入手，全方位塑造品牌形象。

产品是品牌的核心载体，企业应着力打造高品质、有特色的爆款产品，满足目标消费者的功能性和情感性需求。同时，企业还应重视产品包装设计，赋予产品独特的视觉识别和美学体验。

在渠道方面，跨境电商企业可以利用电子商务平台快速触达全球消费者，也可以搭建自有海外站点，实现渠道多元化布局。不同渠道的特点和规则差异较大，企业需要制定有针对性的运营策略，优化店铺布局和产品结构，提升流量转化和复购率。

价格是影响消费决策的重要因素，也是品牌战略执行的关键杠杆。跨境电商企业应根据品牌定位和目标市场行情，制定合理的定价策略。对于高端品牌，可以采取溢价策略，突出品牌附加值和独特卖点；对于大众品牌，则应以性价比优势吸引消费者，在确保产品品质的同时压缩成本空间。无论采取何种定价策略，企业都应注重维护价格体系的稳定性和一致性，避免恶性价格战损害品牌形象。

推广是提升品牌知名度和美誉度的有效手段。跨境电商企业可以综合利用搜索引擎营销、社交媒体营销、KOL营销等方式，精准触达目标受众。内容营销是品牌推广的重要方向，企业可以通过高质量的图文、视频、直播等形式，讲述品牌故事，传递品牌理念，引发消费者共鸣。同时，企业还应重视口碑营销，通过优质的产品和服务积累用户好评，发挥消费者的传播力量。此外，跨境电商企业还可以通过参加海外展会、赞助事件等方式，拓展品牌影响力，建立全球化品牌形象。

品牌战略执行的过程中，跨境电商企业还应建立完善的品牌管理体系，包括品牌形象管理、品牌资产管理、品牌危机管理等方面。通过标准化的VI设计、统一的沟通口径，企业可以确保品牌形象的一致性和连续性。同时，企业还应重视品牌资产的积累和保护，通过商标注册、专利申请等方式，防范品牌侵权风险。一旦出现品牌危机事件，企业需要快速反应、积极应对，通过公关手段化解负面影响，维护品牌声誉。

（三）品牌监控与评估

品牌监控与评估为品牌战略的动态优化提供了重要依据。通过持续、系统地跟踪品牌表现，及时发现问题并采取针对性措施，品牌管理者能够确保品牌建设始终沿着正确的轨道前进，不断提升品牌资产和市场竞争力。

品牌监控与评估主要包括品牌形象监测、品牌资产评估和品牌忠诚度分析。品牌形象监测旨在了解目标受众对品牌的认知和评价，包括品牌知名度、品牌联想、品牌个性等维度。通过问卷调查、焦点小组访谈等方式收集数据，品牌管理者可以全面把握品牌在消费者心目中的定位，评估品牌传播策略的有效性。品牌资产评估则侧重于品牌的财务价值，通过计算品牌溢价、品牌收益等指标，量化品牌对企业长期盈利能力的贡献。这有助于合理配置营销资源，优化品牌组合策略。品牌忠诚度分析关注消费者对品牌的情感依恋和行为支持，loyalty-metrics. org上的评价系统就是一个很好的分析工具。高忠诚度意味着更稳定的销售额和更低的营销成本，是品牌资产的重要组成部分。

品牌监控与评估的频率和方法应根据企业的实际情况而定。对于新进入市场的品牌，监测的频率可以更高，以便快速了解市场反应，调整营销策略。而对于成熟品牌，可以采用滚动调研的方式，持续追踪品牌指标的变化趋势。除了定量研究，定性研究也不可忽视。通过深度访谈、用户体验分析等方式，挖掘消费者对品牌的深层次感受和需求，为创新产品开发、优化客户服务提供参考。

监控和评估结果的运用是品牌管理的关键所在。一方面，结果应及时反馈给决策层，为品牌战略规划提供科学依据，推动品牌建设与时俱进。另一方面，结果应转化为具体的优化措施，如品牌定位微调、视觉设计升级、顾客关系管理优化等，切实提升品牌竞争力。品牌团队应定期总结反思，梳理成功经验和不足之处，推动品牌管理水平的不断提升。

五、品牌建设模型的优化策略

（一）持续的市场适应性改进

在多变的市场环境中，品牌建设模型的实施需要保持动态适应性，根据市场形势的变化灵活调整品牌战略。这既是应对外部环境挑战的必然要求，也是品牌持续发展的内在动力。市场环境瞬息万变，消费者需求日益多元化，新兴技术不断涌现，竞争格局持续演变。面对如此复杂多变的形势，企业应时刻保持敏锐洞察力和快速反应能力，根据市场动态及时调整战略，才能在激烈的竞争中立于不败之地。

具体而言，品牌建设模型的动态优化需要聚焦三个方面。一是持续跟踪市场环境变化，深入洞察消费者需求走向。通过市场调研、用户反馈分析等方式，准确把握目标受众的喜好变化，及时发现潜在的市场机会和风险挑战。只有对市场形势了如指掌，才能做出正确的战略抉择。二是基于市场洞察优化品牌定位和传播策略。品牌定位需要紧跟时代步伐，契合消费升级趋势，体现与时俱进的时代感。传播策略则要因应媒介环境变化，遵循传播规律，精准触达目标受众。要善于运用新媒体平台和技术手段，增强品牌互动体验和影响力。三是整合多元资源，构建品牌生态系统。在开放共享的理念下，积极开展跨界合作，借助异业资源，打造覆盖产品、服务、渠道、媒介的立体化品牌矩阵。通过生态化运营，不断拓展品牌边界，实现品牌价值的裂变式增长。

当前，数字化转型已成为企业的核心议题。作为品牌建设的重要驱动力，数字化也为模型优化提供了新思路和新方法。借助大数据分析工具，可以深度挖掘海量用户数据，洞悉消费行为和偏好，为品牌决策提供精准依据。人工智能、虚拟现实等新技术的应用，则有助于创新品牌体验和互动方式，提升品牌认知度和美誉度。面向未来，数字化还将带来组织形态的变革，推动品牌建设由传统的金字塔式管理向扁平化、平台化转变。这就要求企业打破部门藩篱，加强跨部门协同，形成敏捷高效的组织运行机制，快速响应市场变化。

（二）消费者反馈的整合与运用

品牌建设离不开消费者的积极反馈与参与，只有充分了解和利用消费者对品牌的感知和评价，才能不断优化品牌战略，提升品牌价值。在互联网时代，消费者对品牌的反馈更加直接、及时和多元化，这为品牌建设提供了宝贵的信息来源和改进契机。

第一，品牌需要建立完善的消费者反馈收集和分析机制。品牌应积极利用社交平台、在线社区、自媒体等渠道，主动倾听消费者的声音。品牌要运用大数据技术，对海量的消费者反馈数据进行采集、清洗、挖掘和分析，从而全面、准确地把握消费者对品牌的评价走向。

第二，品牌需要针对消费者反馈及时做出调整和优化。消费者反馈往往蕴含着提升产品和服务的关键信息，品牌要高度重视这些反馈，深入分析其背后的原因，制定有针对性的改进措施。例如，如果消费者普遍反映产品某项功能设计不合理，品牌就应迅速改进设计，提升用户体验；如果消费者对售后服务不满意，品牌就要加强服务人员培训，完善服务流程，提高响应速度。唯有如此，才能真正将消费者反馈转化为品牌建设的动力。

第三，品牌要注重消费者反馈的运用，增强用户黏性和品牌忠诚度。品牌可以将消费者的正面评价作为口碑营销的素材，通过社交媒体等渠道进行传播，吸引更多潜在用户的关注。品牌还可以邀请积极参与反馈的消费者成为品牌体验官或意见领袖，让他们参与产品改进和品牌推广，增强他们对品牌的认同感和归属感。这不仅能够留住老客户，还能吸引新客户，形成良性循环。

第四，品牌要将消费者反馈纳入品牌战略的制定和实施全过程。消费者反馈不是孤立的信息点，而是洞察市场动态、把握消费趋势的重要窗口。品牌要将消费者反馈与市场调研、竞争分析等相结合，形成完整的信息反馈闭环，为品牌战略决策提供依据。同时，品牌还要建立长效机制，持续跟踪消费者反馈，不断调整品牌战略，保持品牌的市场适应性和竞争力。

（三）技术与创新的整合应用

创新技术的整合应用，无疑为品牌竞争力的提升提供了重要助力。从某种意义上说，技术创新已经成为品牌建设的核心驱动力，它不仅能够优化产品性能、提升用户体验，更能助力企业开拓新的市场领域，占领消费者心智。

第一，大数据和人工智能技术的应用，使得企业能够更加精准地洞察消费者需求，优化产品设计与服务。通过收集和分析海量的用户行为数据，企业可以全面了解目标消费群体的偏好特征、购买习惯等，从而为产品研发、营销策略制定提供数据支撑。同时，人工智能技术还能够实现个性化推荐、智能客服等功能，大大提升用户的购物体验和品牌忠诚度。

第二，AR/VR等沉浸式技术的运用，为品牌营销注入了新的活力。通过构建虚拟场景、交互体验，品牌可以打破时空限制，让消费者身临其境地感受产品魅力。这种创新的营销方式不仅提升了用户参与度，也让品牌形象更加立体、鲜活。

第三，区块链技术在供应链管理、品牌溯源等方面的应用，有助于提升品牌的透明度和公信力。通过将产品信息上链，消费者可以清晰地追踪商品的生产、运输、仓储等各个环节，确保商品的真实性和品质。这对于跨境电商而言尤为重要，因为消费者对于远隔千里的海外商品往往存在信任障碍。区块链技术恰恰能够为品牌背书，消除消费者的疑虑。

第四，社交媒体与直播平台的兴起，也为品牌建设提供了新的突破口。相比于传统的广告营销，社交媒体营销更加注重互动体验和情感连接，品牌可以通过粉丝互动等方式，拉近与消费者的距离，塑造亲民、有温度的品牌形象。直播电商的爆发式增长，更是为品牌提供了一个展示自我、获取流量的绝佳舞台。品牌方可以邀请主播进行直播带货，在真实的场景中向消费者展示产品卖点，引导下单转化。

第三章　跨境电子商务运营中的品牌建设策略

第一节　品牌定位与差异化策略

一、目标市场的分析

（一）市场细分技术与方法

市场细分是企业进行品牌定位的重要基础，它通过将异质市场划分为若干个同质子市场，帮助企业锁定目标消费群体，制定针对性的营销策略。在跨境电商领域，由于面对的是全球市场，消费者需求更加多样化和个性化，因此市场细分显得尤为重要。

跨境电商企业要想实现精准的市场细分，就要收集和分析大量的市场数据，深入了解不同国家和地区消费者的人口统计特征、消费习惯、购买行为等。这需要企业建立完善的数据收集和分析机制，充分利用大数据、人工智能等现代信息技术手段，挖掘数据背后隐藏的市场规律和消费趋势。只有在全面、准确的数据支撑下，跨境电商企业才能做出科学的市场细分决策。

在掌握充分市场数据的基础上，跨境电商企业需要选择合适的市场细分变量。常见的细分变量包括地理变量（如国家、地区）、人口统计变量（如年龄、性别、收入、教育程度）、心理变量（如个性、生活方式）和行为变量（如购买频率、品牌忠诚度）等。跨境电商企业要根据自身产品的特点和目标市场的实际情况，选择最能反映市场差异的细分变量组合。

市场细分是一个动态的过程。随着市场环境的变化和消费者需求的升级，原有的细分方案可能会失去针对性和有效性。因此，跨境电商企业需要持续跟踪市场反馈，定期评估和调整细分方案，确保其始终与市场实际相契合。同时，市场细分的目的不是简单地描述市场现状，而是要为企业的品牌定位和营销决策提供指引。因此，在实施细分方案后，跨境电商企业还需要评估不同细分市场的吸引力和盈利潜力，权衡企业的资源禀赋和竞争优势，最终选择最具战略价值的目标市场。

（二）目标市场需求调研

深入了解目标客户的需求和偏好，能够帮助企业更精准地定位市场，设计出满足客户需求的产品和服务，从而在竞争中脱颖而出。这一过程需要企业投入大量的时间和精力，通过多种渠道收集目标客户的第一手资料，并运用科学的分析方法，挖掘其中蕴含的商业机会。

在需求调研过程中，企业要做到以下几方面。

1. 要明确目标市场的范围和特征

这需要综合考虑客户的人口统计特征、地理位置、购买力水平、消费习惯等因素，细分出最有价值的目标客户群体，以便更好地理解客户的心理需求和决策动机。只有在全面了解目标客户的基础上，后续的调研工作才能有的放矢，取得实效。

2. 要采用多种方法，全方位收集目标客户需求信息

常见的调研方法包括问卷调查、焦点小组访谈、客户反馈分析、市场观察等。通过问卷调查，可以大规模收集客户对产品功能、质量、价格等方面的看法；焦点小组访谈则能够更深入地探讨客户的潜在需求和痛点；分析客户反馈数据，能够及时发现产品存在的不足；而通过对目标市场的长期观察，则可以捕捉客户需求的新动向和趋势变化。只有将这些方法有机结合，才能全景式地呈现目标客户需求的真实图景。

3. 对收集到的海量数据进行科学的分析和挖掘

这需要运用统计学、数据挖掘等专业技术，从纷繁复杂的信息中识别关键模式和规律。例如，通过对客户购买行为数据的分析，可以发现不同客户群体在产品偏好、价格敏感度等方面的差异，进而为差异化营销策略提供依据。通过文本挖掘技术，可以从客户评论中提炼出对产品体验影响最大的关键因素，为产品改进指明方向。只有用数据说话，品牌差异化战略才能建立在扎实的基础之上。

4. 注重需求调研的持续性和动态性

在瞬息万变的跨境电商市场中，客户需求也在不断演变。企业必须建立常

态化的需求调研机制，密切关注目标市场的新变化，及时调整差异化策略。

（三）竞争对手分析

通过深入了解市场上的主要竞争者，评估其优劣势、产品特点、目标客户等，企业能够更准确地把握自身在行业中的位置，找到独特的竞争优势和差异化路径。

1. 识别出与自己产品或服务相似的主要竞争对手

这不仅包括在同一平台上销售同类产品的卖家，还应涵盖其他跨境电商平台乃至线下渠道的竞争者。通过搜索引擎、行业报告、市场调研等方式，全面梳理竞争格局，有助于企业准确定位自身所处的市场环境。

2. 深入分析竞争对手的产品特点、定价策略、目标客户等关键要素

竞争对手的产品在功能、质量、包装设计等方面有何特点？其定价是否具有竞争力？主要面向哪些细分市场和目标客户？通过对比分析，企业能够找出竞品的优势所在，思考如何在这些方面实现差异化，或者寻找竞品的短板和不足，从而发掘自身的突破口。

3. 分析竞争对手的品牌形象、营销策略

优秀的跨境电商品牌往往能够通过独特的品牌故事、视觉设计、传播方式等建立起鲜明的形象，吸引特定的目标客群。企业要研究竞品的品牌调性、营销手法，评估其对目标消费者的吸引力，进而思考如何打造差异化的品牌资产，以特色化的方式吸引客户。

4. 持续追踪竞争对手的最新动向

跨境电商领域瞬息万变，用户需求、行业趋势不断演变。领先品牌往往能够敏锐捕捉市场变化，快速调整策略。因此，企业需要建立长效机制，随时关注竞品的新品类、新卖点、新玩法，必要时灵活调整自身的竞争策略。

对竞争对手进行分析的目的是找到差异化、错位竞争的路径，而非亦步亦趋地模仿跟随。每个品牌都有自身的特点，关键是要结合自身资源禀赋、品牌基因，发掘独特的竞争力。只有如此，才能在市场中脱颖而出，赢得目标客户的青睐。

二、品牌定位的竞争优势分析

品牌独有资源是企业保持竞争优势的基石。这些资源包括品牌历史、品牌文化、品牌形象、品牌知名度等无形资产，以及企业独特的技术、工艺、专利等有形资产。跨境电商企业要想在激烈的市场竞争中脱颖而出，必须深入挖掘和利用自身品牌的独特资源，将其转化为难以模仿的核心竞争力。

品牌历史是一笔宝贵的无形资产。悠久的品牌发展历程本身就是一种稀缺资源，它凝结了品牌的传承与积淀，彰显了品牌的专业性和权威性。跨境电商企业应善于挖掘品牌历史中的经典案例和感人故事，用于品牌传播和营销，增强消费者对品牌的信任和认同。品牌文化则体现了企业的经营理念，是塑造品牌个性、赢得消费者共鸣的关键要素。独特的品牌文化有助于提升品牌辨识度，建立情感连接，培养忠诚客户。

品牌形象和知名度是企业通过长期经营和推广积累起来的宝贵资源。良好的品牌形象能够增强消费者对产品质量和服务的信心，而高知名度则意味着更广泛的市场影响力和号召力。跨境电商企业应重视品牌形象设计，确保视觉符号的一致性和辨识度；同时积极开展品牌传播活动，提高品牌曝光率，扩大品牌影响力。当品牌形象深入人心、知名度达到一定水平时，品牌本身就成了一种稀缺资源，能够帮助企业吸引流量、提高转化、建立壁垒。

企业在长期经营过程中形成的独特技术、专利和工艺是品牌赢得市场竞争力的关键。这些有形资源通常来之不易，且难以被竞争对手短时间内模仿或超越，是企业立于不败之地的法宝。跨境电商企业要重视技术创新，前瞻性地布局前沿科技，加大对专利的申请和保护力度。对于一些传统制造企业而言，独特的生产工艺本身就蕴含着巨大的品牌价值，应结合非遗保护等措施，强化工艺背后的品牌故事。

三、品牌差异化的实现方法

（一）创新产品或服务

在跨境电子商务领域，创新产品或服务是提升品牌竞争力的重要途径。通过独特的产品设计、优质的服务体验，企业能够在消费者心中树立起鲜明的品牌形象，赢得市场的青睐。

从产品创新的角度来看，跨境电商企业需要紧跟市场潮流，深入洞察消费者需求，不断推陈出新。这既包括对现有产品的改良和升级，也包括开发全新的产品品类。例如，某知名跨境电商品牌通过对传统茶叶进行创新包装和口味改良，推出了一系列时尚、健康的新品，成功吸引了年轻消费群体的关注。类似地，一些企业还通过引入个性化定制服务，为消费者提供独一无二的购物体验，彰显品牌的专属性和尊贵感。

服务创新同样是跨境电商品牌建设的重要内容。在数字时代，消费者对于服务的便捷性、高效性提出了更高要求。因此，企业需要充分利用大数据、人工智能等新兴技术，优化服务流程，提升服务质量。例如，某跨境电商平台通过部署智能客服系统，实现了 7×24 小时的全天候服务，大大提高了客户满意度。而另一些企业则通过建立完善的售后服务体系，为消费者提供及时、专业的问题解决方案，赢得了良好口碑。

跨境电商企业需要注重产品和服务的本土化创新。不同国家和地区的消费者在文化背景、审美偏好、消费习惯等方面存在差异。因此，企业在进行产品设计和服务规划时，必须充分考虑目标市场的特点，进行针对性的调整和创新。例如，某跨境美妆品牌在进入东南亚市场时，专门研发了适合当地气候和肤质的产品配方，并根据当地文化的特点推出了无酒精、清真认证的产品线，受到了消费者的欢迎。

创新产品或服务的开发需要企业具备敏锐的市场洞察力和前瞻性思维。这不仅需要企业内部营销、研发、设计等部门的通力协作，还需要与外部合作伙伴如供应商、物流商等建立紧密联系，共同打造创新生态系统。同时，企业还应建立完善的创新管理机制，鼓励员工积极参与创新活动，营造良好的创新文化氛围。

（二）品牌传播

面对日益激烈的市场竞争，企业必须充分利用多渠道传播手段，向目标消费者传递独特而鲜明的品牌价值主张。只有通过系统、持续的品牌传播，才能在消费者心中构建起强大的品牌认知和偏好，进而提升品牌竞争力。

1. 根据品牌定位和目标消费群体，精心设计传播内容

传播内容应围绕品牌核心价值展开，以生动、鲜活的形式呈现，激发消费者的情感共鸣。例如，某跨境电商品牌通过短视频平台展示其时尚、快捷、平

价的产品理念，迅速吸引了大量年轻消费者的关注。这种以内容营销为核心的传播策略，有效增强了品牌的吸引力和感染力。

2. 充分发挥社交媒体、自媒体等新兴传播渠道的优势

相较于传统的广告投放，社交媒体营销更加注重与消费者的互动和共创。通过策划有趣、有价值的话题，鼓励用户参与讨论和分享，能够极大扩大品牌传播的覆盖面，提升影响力。某跨境电商品牌十分重视社媒营销，通过官方账号定期发布行业资讯、使用技巧等内容，并积极与粉丝互动，形成了良好的品牌口碑。

3. 品牌传播需要与线下活动紧密结合

通过举办品牌发布会、体验活动等，让消费者亲身感受产品魅力，能够强化品牌形象，提升消费者忠诚度。

4. 重视口碑营销和用户评价管理

消费者的真实反馈和评价，是塑造品牌口碑的重要因素。企业要积极倾听消费者的声音，及时回应他们的诉求，力求为其提供优质的产品体验和服务保障。正面的用户评价能够增强品牌的公信力，吸引更多潜在消费者。

5. 品牌传播需要长期坚持

优秀的跨境电商品牌，往往有鲜明的视觉符号和传播调性，能够给消费者留下深刻印象。企业要确立清晰的品牌传播原则，在产品包装、广告创意、客户服务等各个环节，都体现出统一、专业的品牌形象，塑造独特而稳定的品牌个性，保持风格的一致性和连续性。

（三）优化消费者体验

在互联网时代，消费者对于购物体验的要求越来越高，他们不仅关注产品本身的质量和价格，更看重整个购物过程中的感受和体验。因此，跨境电商企业要想在激烈的市场竞争中脱颖而出，必须将消费者体验放在品牌建设的重中之重的位置上。

从产品体验的角度来看，跨境电商企业应该致力于为消费者提供高品质、多样化的产品选择。这不仅需要企业对供应链进行严格把控，确保产品质量过

硬，还要根据目标市场消费者的需求和偏好，不断优化产品组合，提供个性化的产品推荐。同时，企业还应该重视产品信息的呈现方式，通过高清图片、翔实的产品描述、真实的用户评价等，帮助消费者全面了解产品，做出明智的购买决策。

从服务体验的角度来看，跨境电商企业应该为消费者提供便捷、人性化的服务。这包括简化下单流程、提供多样化的支付方式、开通多语言客服、提供透明的物流信息等。特别是在跨境购物中，消费者难免会面临语言障碍、关税问题、物流延迟等困扰，企业要主动出击，为消费者排忧解难，用贴心的服务赢得消费者的信赖和好感。此外，完善的售后服务体系也是优化消费者体验的关键。企业应该制定明确的退换货政策，提供便捷的退换货渠道，确保消费者的权益得到充分保障。

从情感体验的角度来看，跨境电商企业应该努力与消费者建立情感连接。在品牌传播过程中，企业不仅要展示产品的功能和特色，更要讲述动人的品牌故事，传递积极向上的品牌价值观，引发消费者的情感共鸣。同时，企业还可以通过社交媒体、客户社群等渠道，与消费者保持密切互动，倾听他们的声音，及时回应他们的诉求，让消费者感受到被重视和尊重。只有在情感层面与消费者建立起深厚的连接，品牌才能真正走进消费者的内心。

企业应该建立完善的客户体验管理体系，从产品设计、营销推广、销售服务、物流配送等各个环节入手，为消费者打造全方位、无缝隙的优质体验。同时，企业还要善于运用大数据、人工智能等前沿技术，深入洞察消费者行为，不断优化和升级体验策略。只有如此，跨境电商品牌才能在消费者心中树立起独特而鲜明的形象，赢得长久的竞争优势。

四、品牌定位的动态调整

（一）顺应市场趋势

在市场竞争日益激烈的当下，品牌要想保持长久的生命力和竞争优势，就必须时刻关注市场环境的变化，根据消费者需求的变迁和竞争格局的演变及时调整品牌策略。品牌策略的动态调整需要企业在深入洞察市场趋势的基础上，从品牌定位、产品设计、营销传播等多个维度入手，进行全方位的优化和创新。

随着市场环境和消费者需求的不断变化，原有的品牌定位可能会逐渐失去吸引力和竞争力。因此，企业需要密切关注目标消费者的消费需求、生活方式等变化趋势，适时调整品牌定位，以更好地契合消费者需求。例如，随着健康意识的提升，越来越多的食品品牌开始强调“天然、有机、无添加”等概念，对原有的品牌定位进行优化升级。

面对市场新趋势和消费升级需求，企业要勇于突破固有产品边界，开发契合新需求的产品和服务。例如，在移动互联网时代，许多传统品牌纷纷拓展线上渠道，发展电商业务，以适应消费者“随时随地”的购物习惯。同时，企业还要注重产品品质和体验的持续优化，以更高的性价比满足消费者日益提升的要求。只有如此，才能巩固品牌在消费者心中的美誉度和忠诚度。

在新媒体时代，单向度的广告已经难以奏效，品牌需要与消费者建立更加互动、共创的关系。因此，企业要积极拥抱数字化营销，利用社交媒体、移动应用等新渠道，与消费者进行更加精准、个性化的沟通。同时，要创新传播内容和形式，通过优质的品牌故事、有趣的互动体验，提升品牌的感染力和黏性。只有不断优化营销组合，才能让品牌在信息爆炸的时代获得更多关注。

（二）定期评审品牌定位

定期评审品牌定位的有效性和适用性是品牌建设中的重要环节。在瞬息万变的市场环境中，消费者需求、竞争格局、技术趋势等因素都在不断变化，这就要求企业时刻保持警惕，及时审视自身品牌定位是否依然有效。

品牌定位的审视需要回归消费者视角，深入了解目标市场的需求变化和偏好趋势。通过市场调研、用户访谈、大数据分析等方式，企业可以全面收集消费者的反馈，识别出品牌定位可能存在的问题或偏差。例如，原本定位于年轻人的时尚品牌，随着消费群体年龄段的改变，其个性张扬的风格可能逐渐失去吸引力，需要适度调整定位以迎合新生代的审美喜好。

品牌定位的审视需要放在行业竞争的大背景下进行。竞争对手的品牌策略变化可能会对自身品牌形成冲击，尤其是当竞品采取了更具创新性或针对性的定位时，原有的品牌定位优势可能被削弱。因此，通过持续的竞争分析和行业趋势研判，企业要及时发现潜在的威胁，并以动态调整的方式巩固品牌优势。

品牌定位的审视需要坚持与时俱进的原则。随着社会文化环境和消费观念的变迁，一些曾经行之有效的品牌定位可能逐渐失去时代感和吸引力。例如，过度强调奢华、高端的品牌调性，在提倡理性消费、崇尚环保的今天，可能面临认同度下降的风险。因此，审视品牌定位时要高度关注宏观环境变化，适时对品牌内涵进行革新，以契合时代精神。

（三）灵活选用品牌调整方法

品牌调整是一个动态的过程，需要根据市场环境的变化和消费者需求的演变，灵活运用各种调整工具，实现品牌的优化升级。在跨境电商运营中，市场瞬息万变，消费者偏好多样化，这就要求企业时刻保持敏锐的洞察力，及时捕捉市场信号，调整品牌策略，方能立于不败之地。

1．品牌调整要建立完善的市场监测和反馈机制

企业要全面收集消费者对品牌的评价、建议，以及竞争对手的动向。这需要充分利用大数据技术，整合线上线下的数据资源，挖掘其中蕴含的价值信息。同时，还要重视与消费者的直接沟通，通过问卷调查、焦点小组访谈等方式，深入了解他们的真实想法。只有基于扎实的市场调研和数据分析，品牌调整才能找准方向，避免盲目决策带来的风险。

2．品牌调整要因“品”制宜、因“势”利导

不同的产品类别、不同的目标市场，对品牌调整的要求各不相同。例如，对于产品创新周期较短的行业，如电子产品，品牌调整就需要更加频繁和大胆；对于产品创新周期较长的行业，如葡萄酒，品牌调整则要更加谨慎和循序渐进。又如，对于成熟市场，品牌调整的重点可能是巩固已有优势，而对于新兴市场，品牌调整的重点则是开拓市场，建立先发优势。因此，制定品牌调整方案时，必须充分考虑品牌所处的特定情境，有的放矢，方能事半功倍。

3．品牌调整要统筹兼顾，协调各种调整工具的使用

品牌调整涉及品牌定位、产品设计、价格策略、渠道管理、促销方式等诸多方面，这就需要从整体出发，制定系统的调整方案。例如，当调整品牌定位时，产品设计、价格策略等都需要相应调整，以保持品牌形象的一致性。又如，线上线下渠道的调整要相互配合，实现优势互补，而不能各自为政，甚至相互矛盾。

4．品牌调整要立足长远，兼顾当前收益和长期价值的平衡

品牌是企业的无形资产，其价值的培育和实现往往需要较长时间。因此，

品牌调整不能过于急功近利，追求短期利益最大化，而要着眼未来，对品牌的长期发展进行战略布局。这就要求企业在调整品牌时，不仅要关注销售业绩的提升，还要注重品牌美誉度、顾客忠诚度的建设，通过优质的产品和服务，与消费者建立起稳固的情感纽带。只有这样，品牌才能焕发出持久的生命力，为企业创造源源不断的价值。

第二节　品牌传播与推广策略

一、数字营销与社交媒体策略

（一）社交平台选择与内容定制

社交平台选择与内容定制是跨境电商品牌建设与推广的关键策略。在数字化时代，品牌方需要根据目标市场受众的特点，有针对性地选择合适的社交平台，并精心设计传播内容，方能有效触达潜在消费者，塑造良好品牌形象。

1. 选择合适的社交平台

不同社交平台在用户属性、互动方式、传播特点等方面存在显著差异。品牌方需要全面评估各平台的优势和劣势，权衡目标受众的媒介偏好，甄选最匹配的传播阵地。

2. 进行内容定制

泛泛而谈的宣传难以引起受众共鸣，反而会加剧信息疲劳感。品牌方应深入洞察用户需求，设计富有价值、引人入胜的传播内容。一方面，内容要紧扣品牌调性和产品卖点，突出差异化优势；另一方面，要迎合社交媒体的传播特点，生动活泼，易于分享。

在进行内容定制时，还应考虑不同市场的文化差异。跨境电商品牌往往面临多元文化背景的受众，需要在内容本地化上下功夫。对于西方市场，品牌故事可以更加直白，重点突出产品优势；而对于东方市场，则需要更多融入情感元素，渲染品牌内涵。同时，在语言表达、视觉风格等方面，也要尊重当地文化习俗，避免违和感。

3. 内容形式的多元化

图文、短视频、直播、H5 等形式各具特色，品牌方需要根据受众偏好和传播目的灵活选择。其中，短视频以其强烈的感官冲击力和移动端友好性，成为当下最受欢迎的传播形式之一。直播则通过实时互动，拉近品牌与消费者的心理距离，提升转化效率。AR、VR 等沉浸式体验也逐渐成为品牌传播的新风口。品牌方应顺应技术发展趋势，积极尝试创新形式，以差异化的内容体验取悦用户。

（二）影响者营销与互动交流

利用行业影响者进行品牌传播和推广能够更精准地触达目标受众，建立更为紧密的情感连接。影响者凭借其专业性、权威性和亲和力，能够为品牌背书，提高消费者的信任度。同时，他们与粉丝之间的互动交流也为品牌提供了与潜在客户沟通的渠道，有助于及时了解市场反馈，优化营销策略。

1. 选择合适的影响者

跨境电商企业需要综合考虑影响者的专业领域、受众特征、传播风格等因素，确保其与品牌定位相契合。例如，一家销售户外运动装备的跨境电商品牌可以选择与知名的户外运动达人合作，借助其在圈内的影响力和号召力，向目标消费者展示产品的专业性能和使用体验。而一个时尚美妆类品牌则更适合与美妆博主、时尚达人等合作，利用他们的穿搭分享和美妆教程等吸引潜在客户的关注。

2. 制定科学的影响者营销方案

品牌需要明确营销目标，设计与影响者风格相符的传播内容和形式。例如，可以邀请影响者参与产品的设计开发，推出联名款或限定款，增加产品的独特性和吸引力。又如，可以与影响者共同策划线上线下活动，如直播带货、快闪店等，创造沉浸式的品牌体验。同时，品牌还需要建立合理的激励机制，调动影响者的积极性，促进长期合作关系的建立。

3. 影响者营销的效果评估和优化

品牌应跟踪影响者发布的内容的曝光量、互动量等关键指标，评估其对品牌知名度和销量的贡献。通过数据分析，找出优秀的营销案例和改进空间，不断迭代优化营销策略。此外，品牌还需重视与消费者的直接互动，通过社交媒体等渠道及时回应消费者的评论和反馈，展现品牌的亲和力和责任感，增强消费者黏性。

（三）数据分析与营销调整

随着大数据技术的快速发展，企业已经积累了海量的用户行为数据和营销效果数据。如何从这些看似杂乱无章的数据中提炼出有价值的洞见，进而指导营销策略的优化调整，已经成为跨境电商企业制胜的关键。

高效的数据分析离不开专业的工具和方法。当前，市场上已经涌现出一系列功能强大的数据分析平台。这些平台能够自动追踪用户在网站或 APP 上的各项行为，如浏览、点击、购买等，并生成直观的数据报表。通过对这些报表的深入解读，营销人员能够洞察用户的偏好特征、互动习惯，发现营销活动中的薄弱环节。在此基础上，营销团队可以有针对性地调整营销内容、投放渠道、目标受众等要素，从而提升营销的精准度和转化率。

数据分析驱动的营销调整是一个动态迭代的过程。在实施营销策略后，企业需要持续监测各项数据指标的变化，评估策略调整的效果。一旦发现问题，就要及时制定优化方案，并运用 A/B 测试等方法进行验证。通过这种快速迭代的方式，企业能够不断完善营销策略，实现营销效果的持续提升。

二、内容营销与品牌故事传播

（一）创造引人入胜的品牌故事

引人入胜的品牌故事能够生动展现品牌的起源、发展历程，增强消费者对品牌的认同感和忠诚度。对于跨境电商企业而言，精心打造和传播品牌故事更是提升品牌识别度、赢得目标市场青睐的关键举措。

品牌故事讲述的核心在于凸显品牌的独特性和差异化优势。跨境电商企业需要深入挖掘自身品牌的成长历程、创始人的创业理念、产品或服务的独特卖点等，提炼出鲜明而富有感染力的品牌形象。同时，品牌故事还应与目标消费群体的需求产生共鸣，唤起他们的情感共振。通过塑造富有人文情怀的品牌形象，跨境电商企业能够更好地与消费者建立情感纽带，提升品牌亲和力。

在品牌故事的叙述中，真实性和一致性至关重要。虚假、夸大或前后矛盾的品牌故事不仅无法取信于消费者，反而会损害品牌形象。跨境电商企业应秉持诚信的原则，以真实的品牌历史和发展轨迹为基础，选取最具代表性和感染力的故事情节，形成连贯、完整的故事脉络。同时，品牌故事还需要与企业的整体市场定位和营销策略相契合，在各种传播渠道中保持高度的一致性，从而塑造统一而鲜明的品牌形象。

品牌故事的传播需要借助多种营销手段和渠道。跨境电商企业可以在官网设置专门的品牌故事板块，生动呈现品牌发展的重要历程和里程碑事件。同时，还可以通过短视频、H5 页面、软文等多种形式，将品牌故事融入内容营销策略中，引发消费者的兴趣和传播动力。借助 KOL、行业媒体等合作伙伴的力量，跨境电商企业还能够进一步扩大品牌故事的传播范围和影响力，触达更多潜在消费者。

跨境电商企业需要重视品牌故事与产品体验的高度融合。品牌故事不应停留在口号或宣传层面，而应深刻影响产品设计、包装、售后服务等各个环节。通过优质的产品体验来验证和强化品牌故事的内涵，真正赢得消费者的信赖和忠诚。跨境电商企业还可以鼓励消费者分享自己与品牌、产品相关的真实故事，通过这种参与式营销增强品牌的互动性和感染力。

（二）多媒体内容开发

在当今信息时代，多媒体内容已成为品牌传播与推广的重要手段。图像、视频等多种媒介形式的运用，不仅能够增强用户体验，提升品牌认知度，更能促进用户与品牌之间的情感连接。

丰富多样的视觉内容能够直观、生动地展现商品特性，吸引用户注意力。高质量的产品图片能够清晰呈现商品细节，帮助消费者更准确地了解产品性能和外观设计。而视频则能更立体、全面地展示商品的使用方法和效果，增强说服力。通过图文并茂、声画结合的方式，多媒体内容能够多角度、多层次地传达品牌理念和产品卖点，激发消费者的购买欲望。

在跨境电商领域，多媒体内容能有效克服语言和文化障碍，实现品牌信息的无缝传递。图像、视频等非语言媒介能够跨越国界，直击消费者心灵。即使面对不同语言背景的消费者，生动形象的多媒体内容也能准确传情达意，引发共鸣。优秀的视觉设计和创意表现，更能彰显品牌独特个性，提升品牌国际形象。

多媒体内容是提升用户互动性和参与度的有力工具。趣味盎然的动画、打动人心的品牌故事视频，能够吸引消费者主动分享、传播，扩大品牌影响力。而直播、短视频等新兴内容形式，更是为品牌与消费者构建了实时互动的桥梁。通过与消费者的直接对话和反馈，品牌能够更精准地挖掘消费需求，优化产品和服务。

多媒体内容开发并非简单的堆砌或拼凑，而是需要深谙用户心理，把握传播规律的系统工程。跨境电商企业需要基于目标市场和受众特点，精心策划内容主题和风格，确保内容的关联性和一致性。同时，还要重视内容的原创性和差异化，以独特的视角和创意脱颖而出，赢得消费者青睐。

优质的多媒体内容开发，需要技术与创意的完美结合。跨境电商企业应积极引进专业的设计、制作人才，搭建多元化的内容生产团队。通过不断试错和优化，探索最佳的内容呈现方式和传播路径，实现内容效果的最大化。

（三）跨平台内容同步与优化

在当今数字化时代，品牌故事的传播早已突破单一渠道的局限，呈现出多元化、碎片化的特点。消费者可以通过各种社交媒体平台、官方网站、移动应用等多种途径接触到品牌信息。然而，不同平台的受众群体、互动方式、展现形式都存在差异。如果品牌在各个平台上发布的内容缺乏一致性和连贯性，势必会给消费者带来混乱和不确定的体验，削弱品牌形象的塑造力。

因此，品牌需要制定科学的跨平台内容策略，确保品牌故事在不同渠道的传播中保持统一的基调和风格。这就要求品牌管理者深入洞察各个平台的特点和规律，因地制宜地设计内容呈现的方式和节奏。例如，在以图文为主的微信公众号上，品牌可以通过精心编撰的软文、H5 页面等形式，生动翔实地讲述品牌的成长历程、价值主张、产品特色等；而在偏重视频内容的抖音等短视频平台上，品牌则需要运用新颖的创意和精良的制作，以短小精悍的视频吸引用户的注意力，传递品牌的核心信息。

跨平台内容的优化也至关重要。面对海量的信息流和有限的注意力，如何让品牌内容脱颖而出、留下深刻印象，是每个品牌都需要思考的问题。这就需要品牌管理者紧跟平台动态和用户需求，不断优化内容的质量和呈现方式。例如，在标题设置上要突出重点、引人入胜；在内容板块的划分上要层次分明、逻辑清晰；在互动环节的设计上要巧妙有趣、引发共鸣。只有坚持不懈地优化跨平台内容，品牌内容才能真正触达用户、引发共振。

跨平台内容管理还需要建立完善的评估和反馈机制。通过跟踪各个平台的传播数据，如阅读量、点赞数、转发量、评论内容等，品牌可以实时监测内容的传播效果，发现优势与不足。基于数据分析，品牌可以及时调整内容策略，强化优质内容的生产，改进薄弱环节的表现，实现内容效果的持续优化。同时，品牌还应重视用户的直接反馈，通过评论互动、私信交流、调查问卷等方式，倾听消费者的真实想法，以用户的视角审视内容的针对性和有效性。

三、电子邮件营销策略

（一）构建有效的邮件列表

通过收集潜在客户的邮件地址并进行细分，企业能够更加精准地向目标受众传递营销信息，从而提高转化率和投资回报率。

1. 采取多种方式收集潜在客户的邮件地址

企业可在官网设置订阅表单、举办线上线下活动收集信息、与合作伙伴共享数据等。在这个过程中，企业应当遵守相关法律法规，尊重用户隐私，获得用户的明确同意。同时，企业还应保证所收集邮件地址的真实性和有效性，定期清理无效地址，维护邮件列表的质量。

2. 根据用户特征对邮件列表进行细分

常见的细分维度包括人口统计特征（如年龄、性别、地域）、购买行为（如购买频次、客单价）、浏览行为（如浏览商品类别、停留时长）等。通过细分，企业能够识别出不同用户群体的需求和偏好，制定差异化的营销策略。例如，对于高消费的忠诚客户，企业可以提供专属优惠和个性化服务；对于潜在客户，企业则可以重点介绍产品卖点和优势，吸引其首次购买。

3. 不断优化和完善邮件列表

企业应当持续收集新的订阅者，扩大邮件列表规模。企业需要定期分析用户的反馈和行为数据，及时调整细分策略。例如，如果某个细分用户群体的开启率和点击率较低，企业就需要重新评估其需求特点，改进邮件内容和发送时机。又如，如果部分用户长期未有购买行为，企业可以设置触发式邮件，通过个性化推荐和优惠促发二次转化。

4. 注重邮件列表的管理和维护

企业需要使用专业的邮件营销平台，提供列表管理、数据统计、A/B 测试等功能，提高运营效率。企业需要重视用户体验，提供退订选项，尊重用户的选择。企业应当保护用户隐私，采取必要的安全措施防范数据泄露。

（二）邮件内容与设计

创造吸引人的邮件内容和个性化设计对于提升邮件营销效果非常重要。一封优秀的营销邮件应该能够抓住用户的注意力，激发其购买欲望，并最终促使其采取行动。

从内容角度看，营销邮件需要围绕产品或服务的核心卖点展开，用简洁明了的语言阐述其独特价值主张。同时，邮件内容还应体现出品牌个性和文化内涵，与目标受众建立情感联系。在撰写邮件时，可以运用讲故事的方式娓娓道来，或者列举真实客户的使用体验，增强内容的说服力和可信度。此外，适当穿插优惠促销信息，如折扣券、限时特价等，能够直接引发用户的购买冲动。

从设计角度看，营销邮件需要在视觉上吸引用户的目光，激发其探索欲望。精美的邮件模板、鲜明的品牌 LOGO、醒目的标题文案等，都是提升邮件打开率的有效方式。在邮件版面设计时，要注重排版的合理性和美观度，使用适度的图片和色彩搭配，营造出良好的视觉体验。同时，邮件还应针对不同屏幕尺寸进行自适应优化，确保用户无论是在 PC 端还是移动端，都能获得流畅的阅读体验。

个性化则是提升邮件营销转化率的关键因素。通过用户行为数据分析，可以对其浏览、购买历史进行画像，识别其独特偏好和需求。在此基础上，定制个性化的邮件内容和产品推荐，能够最大限度地触发用户的共鸣，提升其购买意愿。例如，在用户生日或特殊节日，发送含有个性化祝福和专属优惠的邮件，往往能收获出乎意料的转化效果。

（三）邮件营销的自动化

邮件营销自动化是优化邮件营销效果的重要手段。它利用专业工具对邮件营销过程进行监测、分析和优化，帮助企业实现精准营销、提升转化率。通过邮件营销自动化，企业可以根据用户的行为和偏好，向其发送个性化的邮件内容，增强用户黏性和忠诚度。

邮件营销自动化工具通常具备多种功能，如用户数据采集与管理、邮件模板设计、A/B 测试、发送时间优化等。企业可以利用这些功能，深入分析用户特征，设计出更具吸引力的邮件内容和版式。例如，通过 A/B 测试比较不同主题、内容、版式的邮件效果，选出最优方案；通过分析用户的浏览器、设备等信息，优化邮件的显示效果；通过跟踪用户的点击、打开、转化等行为数据，及时调整邮件发送策略。

邮件营销自动化能帮助企业建立完善的用户生命周期管理体系。根据用户的注册、购买、活跃度等信息，企业可以设置不同的邮件触发规则，在用户生命周期的各个阶段发送相应的邮件，如欢迎邮件、节日祝福、产品推荐、优惠促销等。这种精细化运营能够最大限度地挖掘用户价值，提高用户的生命周期价值。

邮件营销自动化有助于提升营销效率，降低人工成本。传统的邮件营销需要营销人员手动设计邮件、导入用户列表、发送邮件，非常耗时耗力。而邮件营销自动化工具可以根据预设规则自动执行这些任务，大大节省了人力和时间成本。营销人员可以将更多精力投入到策略制定、创意设计等高附加值工作中。

要实现邮件营销自动化的良好效果，企业还需要注意以下几点：第一，保证用户数据的质量和合规性。要定期清理无效用户，确保邮件列表的准确性；同时要遵守法律法规，尊重用户隐私，避免过度营销。第二，关注邮件内容的质量和相关性。邮件内容要紧扣用户需求，提供有价值的信息和服务，而不是简单的广告轰炸。第三，注重邮件发送的时机和频率。发送时间要综合考虑用户的生活作息规律和品牌定位，频率要合理，既不过于频繁，也不显得冷落。

（四）邮件营销的个性化

个性化邮件营销的本质在于基于大数据分析，洞察不同客户群体的需求特征，进而提供契合其偏好的产品信息和服务体验。通过对客户历史购买行为、浏览痕迹、人口统计学特征等数据的挖掘，企业可以准确把握目标受众的消费心理和行为模式，从而设计出更加精准、有效的营销内容。例如，对于高价值的老客户，企业可以定期发送专属优惠券、新品体验邀请等高关注度邮件，强化其品牌忠诚度和黏性；而对于购买频次较低的沉睡用户，则可以主动向其推送畅销品排行、限时折扣等吸引性信息，激发其潜在购买欲望。

个性化邮件营销的另一重点在于优化邮件设计和发送时机。精美的邮件排版、醒目的产品图片、清晰的文案表述，都有助于提升用户的打开率和点击率。同时，基于客户的生活作息规律、上网习惯等数据分析，选择最佳发送时段，也能够最大限度地引起用户关注。此外，邮件营销还应注重互动性和参与感，适时穿插问卷调查、有奖游戏等环节，增强用户对品牌的认同感和归属感。

个性化邮件营销策略的实施离不开完善的客户关系管理系统。企业需要建立一套科学、系统的客户数据库，实现对不同用户画像的精准刻画和动态跟踪。同时，还要重视客户反馈的收集和分析，及时调整营销策略，不断提升服务质量。只有在深度洞察用户需求的基础上，不断创新营销模式和优化客户体验，才能真正唤醒沉睡客户，留住高价值用户，实现品牌价值的持续提升。

四、合作伙伴与联盟营销策略

（一）选择与建立合作伙伴关系

优秀的合作伙伴不仅能够为品牌提供资源和渠道支持，更能成为品牌价值的有力传播者和践行者。在筛选合作伙伴时，跨境电商企业应着眼于双方在发展理念、目标市场、受众群体等方面的契合度。只有理念相近、目标一致，双方才能形成真正的利益共同体，携手推动品牌建设。

从品牌定位的角度来看，合作伙伴的选择应与品牌的调性和气质相匹配。例如，一个定位高端、注重品质的跨境电商品牌，就应该寻求在行业内享有口碑、拥有优质资源的合作伙伴。这样的搭配不仅能够保证双方在品牌形象上的一致性，更能借助合作伙伴的影响力提升品牌美誉度。反之，如果盲目选择与品牌调性不符的伙伴，则可能导致品牌形象割裂，甚至引发公众对品牌的质疑。

从市场开拓的角度来看，合作伙伴的选择应有助于品牌触达目标受众，拓展业务版图。跨境电商品牌进入新市场时，往往面临着文化差异、政策壁垒、信任缺失等一系列挑战。此时，与当地具备渠道资源、了解市场环境的合作伙伴携手，无疑能够事半功倍。通过借助合作伙伴的本土优势和人脉网络，跨境电商品牌能够更高效、更精准地渗透目标市场，扩大品牌影响力。

从资源整合的角度来看，合作伙伴的选择应立足于优势互补、强强联合。任何品牌的发展都需要汇聚各方资源，实现协同共进。跨境电商品牌在选择合作伙伴时，应审慎评估双方的资源禀赋，寻求在技术、人才、渠道等方面的补位和协同。优秀的合作伙伴能够为品牌发展注入源源不断的动力，帮助其突破资源瓶颈，实现跨越式发展。

选择合作伙伴时，需要经过充分的市场调研、背景评估和商业谈判。跨境电商企业应该建立完善的合作伙伴评估体系，从商业信誉、发展实力、合作意愿等多维度对潜在伙伴进行考量，确保选择的伙伴与品牌发展相得益彰。同时，双方还应在合作过程中保持紧密沟通，及时调整合作策略，确保品牌建设活动的落地实施。

（二）联盟营销的规划与执行

联盟营销是指通过与合作伙伴建立战略联盟，可以实现优势互补，拓展市场，提升品牌影响力。由于跨境电商面临着语言、文化、消费习惯等诸多差异，单凭一己之力难以快速打开海外市场。通过联盟营销，企业可以借助当地合作伙伴的资源和渠道，加快本土化进程，赢得消费者信赖。

制订联盟营销计划需要考虑多方面因素。第一，要明确联盟营销的目标，是提升品牌知名度，还是拓展销售渠道，抑或是获取新的客户群体。不同的目标决定了联盟伙伴的选择和合作方式。第二，要全面评估潜在合作伙伴的资源禀赋、市场定位、目标受众等，选择契合度高、优势互补的伙伴。第三，要设计多元化的合作方案，包括但不限于资源置换、联合推广、异业联盟等，灵活运用不同的合作模式，最大化联盟效能。

联盟营销的执行过程中，沟通协调至关重要。双方要建立顺畅的沟通机制，及时分享市场信息，协调营销节奏，解决合作中的问题。同时，要重视利益分配，制定科学合理的利益分配方案，让双方在互利共赢中实现可持续发展。此外，还要加强效果监测，运用大数据等技术手段，及时跟踪联盟营销的各项指标，优化营销策略，提高投入产出比。

分销渠道是联盟营销的重要组成部分。跨境电商企业要重视分销渠道的优化，构建多层次、多样化的分销网络。第一，要发展线上分销渠道，借助合作伙伴的电商平台、社交媒体等，扩大产品触达范围。第二，要布局线下分销渠道，通过合作伙伴的实体门店、展会活动等，强化品牌体验，提升消费者互动。第三，要加强分销商管理，提供全方位的支持服务，包括产品培训、营销指导、售后服务等，提升分销商的积极性和专业度。

（三）监控营销活动并分析效果

在跨境电商领域，合作伙伴关系错综复杂，涉及多个利益相关方，如品牌商、供应商、物流服务商、支付服务商等。建立战略合作伙伴关系固然重要，但如何确保合作活动达成预期目标、创造实际价值，则需要企业投入更多心力。这就需要企业建立科学、完善的营销效果监控与分析机制。

1. 明确合作营销活动的关键绩效指标（KPI）

明确关键绩效指标如流量、转化率、客单价、复购率等，并与合作伙伴达成一致。在确定 KPI 后，企业需要搭建数据采集与分析平台，实时跟踪营销活动数据。借助大数据分析技术，企业可以洞察用户行为特征、识别关键触点，优化营销策略。例如，通过分析不同流量来源的转化情况，企业可以判断哪些合作渠道投入产出比更高，进而调整资源配置。

2. 企业应定期开展营销效果评估，全面审视合作项目的成败得失

这需要从定量和定性两个维度入手。定量评估主要依据 KPI 完成情况，考察投入产出效率；定性评估则侧重从用户体验、品牌美誉度等角度分析营销活动的长期价值。评估结果不仅可为下一步营销决策提供参考，也是优化合作关系、争取更多资源支持的有力依据。

3. 数据共享与协同优化

跨境电商企业与合作伙伴应建立透明、互信的数据共享机制，双方基于统一的数据标准和口径，形成对市场情况的共同理解。在此基础上，双方可以协同优化营销策略，制定更精准、更有针对性的联合营销方案。譬如，品牌商和跨境电商平台共享消费者偏好数据，联手为目标群体定制个性化营销内容，提升营销效率。

4. 持续迭代优化

市场瞬息万变，消费者需求日新月异，昔日的成功模式用于今天未必奏效。因此，跨境电商企业必须树立持续改进意识，根据营销效果反馈及时调整合作策略。这可能意味着要采取引入新的技术工具、开拓创新营销方式、更换合作伙伴等一系列行动。

第三节 品牌形象与口碑管理策略

一、品牌视觉形象设计

（一）企业标识与色彩运用

企业标识与色彩搭配是塑造品牌视觉形象的关键要素，对于跨境电商企业而言更是如此。在激烈的国际市场竞争中，一个鲜明而独特的品牌形象能够有效吸引消费者的注意力，提升品牌辨识度和忠诚度。

企业标识，也称为商标或LOGO，是企业形象的精髓所在。一个优秀的企业标识应该简洁、醒目、易于识别和记忆。同时，它还应该能够准确传达企业的价值理念、文化内涵和产品特色。对于跨境电商企业而言，标识设计还需要考虑不同国家和地区消费者的文化背景、审美偏好等因素，力求在全球市场中建立一致而统一的品牌形象。

色彩是品牌视觉传达的有力工具。恰当的色彩搭配能够激发消费者的情感共鸣，增强品牌的感染力和号召力。不同的色彩组合能够传递出截然不同的品牌个性和情感诉求，如红色的热情奔放、蓝色的沉稳理性、绿色的生机盎然等。跨境电商企业在选择品牌色彩时，需要综合考虑目标市场的文化传统、消费偏好，以及自身的产品定位和品牌调性，力求在差异化中找到最佳平衡点。

（二）包装与展示设计

包装与展示设计在塑造品牌形象、强化品牌识别度和提升消费者体验方面发挥着关键作用。精心设计的包装不仅能够吸引消费者的注意力，引发购买欲望，更能传达品牌的核心理念和价值主张。从视觉冲击力的角度来看，富有创意和美感的包装设计能够在货架上脱颖而出，吸引消费者驻足观察，增加产品的曝光率和关注度。而独特、新颖的包装形式则能带给消费者耳目一新的感觉，激发其探索欲和购买兴趣。

从品牌传播的角度来看，包装设计是建立品牌形象、传递品牌信息的重要载体。包装上精心设计的品牌标识、色彩搭配、字体选用等，能够形成鲜明的视觉识别系统，提高品牌的辨识度和记忆度。包装上印制的品牌故事、产品信息、使用说明等，则能够加深消费者对品牌和产品的了解，建立起品牌信任。此外，在跨境电商领域，优秀的包装设计还能帮助海外消费者更直观地感知产品的特点和优势，降低文化差异带来的购买障碍。

从消费体验的角度来看，人性化的包装设计能够给消费者带来更加舒适、便捷的使用体验。易于开启的包装结构、清晰准确的产品信息标注、贴心周到的附加服务等，都能提升消费者的满意度和忠诚度。而在产品送达消费者手中的"开箱"环节，精美的包装和层层递进的开启方式，更能带来惊喜和仪式感，深化消费者的情感体验。这种超出预期的愉悦感，往往能够转化为口碑传播和再次购买。

展示设计着眼于在线上和线下渠道塑造产品形象，引导消费者完成购买决策。在电商平台上，精美的产品主图、丰富的详情页、真实的用户评价，能够多维度展示产品卖点，打消消费者疑虑。在实体终端，独具匠心的货架陈列、场景化的体验区设置，则能带给消费者身临其境的沉浸式体验。同时，线上线下展示的视觉一致性，还能强化消费者的品牌认知，提升购物体验的连贯性和完整性。

（三）网络界面与多媒体内容

跨境电商的品牌视觉形象传递离不开网络界面与多媒体内容的设计。作为消费者与品牌互动的主要渠道，电商平台的界面设计应当体现品牌的核心理念和独特个性。统一、和谐的色彩搭配，简洁明了的布局，以及与品牌调性相符的字体选择，都是塑造品牌视觉识别度不可或缺的要素。同时，精心制作的产品图片、介绍视频等多媒体内容，能够生动形象地展示产品特色，提升消费者的浏览体验，引发共鸣。

跨境电商品牌应注重多平台的视觉一致性。随着移动端购物的兴起，消费者可能在PC网页、移动APP、小程序等多个终端与品牌产生接触。保持不同平台界面风格的协调统一，有助于建立品牌形象的连续性，提高消费者的认知度和信任感。例如，亚马逊在其全球各站点采用了相同的配色方案和布局结构，使消费者无论身在何处，都能迅速辨识其品牌，产生熟悉和信赖之感。

跨境电商应注重目标市场本土化的视觉设计。不同国家和地区消费者的审美偏好、色彩象征往往存在差异。因此，在进行网站和多媒体内容的本土化设计时，既要体现品牌的核心特质，又要考虑目标市场的文化背景和视觉习惯。唯有深入了解当地消费者的心理和诉求，才能创造出引起共鸣、激发购买欲望的视觉形象。例如，中国消费者偏爱红色等暖色调，视其为吉祥、喜庆的象征，而欧美消费者则可能更青睐于冷色调，视其为时尚、专业的代表。因此，同一品牌在不同市场的视觉呈现，需要在统一性和差异性之间寻求平衡。

跨境电商品牌应在视觉设计中融入创新元素，提升品牌辨识度和吸引力。在保持品牌视觉一致性的基础上，适度融入新颖的设计理念和独特的创意表达，能够为品牌注入新鲜活力，吸引消费者的关注。这种创新不仅体现在页面布局、配色方案等方面，更可延伸至多媒体内容的风格和形式。例如，运用3D、AR等新兴技术制作产品展示视频，或是在图片、文案中巧妙植入时下流行的视觉元素，都能让品牌形象更加生动立体，引发消费者的兴趣和好感。

跨境电商品牌视觉形象的塑造需要从战略高度统筹规划，并在执行层面严格把控。建立完善的品牌视觉识别系统，制定统一的设计规范和标准，是实现多平台、多媒体内容视觉一致性的基础。同时，还需持续优化和升级网络界面与多媒体内容，以匹配消费者不断变化的审美需求和互动习惯。只有与时俱进，不断创新，才能确保品牌视觉形象的生命力和感染力。

二、社交媒体口碑管理

（一）网络监控与声誉分析

网络监控与声誉分析的目的在于实时跟踪品牌口碑趋势，洞察消费者对品牌的态度与情感倾向。随着互联网技术的飞速发展，社交媒体已经成为消费者表达意见、分享体验的主要渠道。因此，及时监测社交平台上与品牌相关的信息，对于掌控品牌声誉动态、把握市场反馈至关重要。

网络监控需要借助大数据采集与分析工具，对各大社交媒体平台、论坛、新闻网站等进行全方位的信息收集。通过设置关键词、话题标签等，可以精准定位与品牌相关的用户评论、产品体验分享、媒体报道等内容。在数据采集的基础上，还需要运用自然语言处理、情感分析等技术，对海量文本信息进行机器学习和智能化处理。这一过程可以自动识别文本中蕴含的情感倾向，如正面、负面或中性，并量化用户情绪的强弱程度。

通过网络监控获取的品牌声誉数据，可以多维度地反映消费者对品牌的认知和评价。一方面，它能够揭示消费者对品牌的总体印象，展现品牌形象在公众心目中的定位。通过纵向追踪声誉指标的变化趋势，品牌管理者可以及时发现口碑出现波动的预警信号，从而采取应对措施，防患于未然。另一方面，声誉分析还能细化到具体的产品、服务等方面，帮助企业发现质量缺陷、体验不足等问题。对于跨境电商而言，及时获取海外消费者的反馈尤为重要，有助于优化产品本地化设计，改进用户体验。

（二）用户互动与内容管理

社交媒体不仅改变了人们的交流方式，也为企业品牌建设和推广提供了新的平台。在跨境电商领域，社交媒体互动对提升品牌参与度和用户满意度具有重要意义。通过社交媒体平台，跨境电商企业可以与目标消费者建立更加直接、紧密的联系，深入洞察其需求偏好，并有针对性地开展营销活动，提高品牌曝光率和认知度。

跨境电商企业应积极利用社交媒体开展内容营销，通过高质量、富有价值的内容吸引潜在用户的关注，激发其兴趣和互动意愿。这些内容可以包括行业动态分享、产品使用心得、专家访谈等，旨在为用户提供有益的信息和生动的品牌体验。同时，企业还应重视用户生成内容（UGC）的巧妙利用。鼓励用户分享使用体验、参与话题讨论，不仅能够增强品牌互动性，还能借助用户口碑效应提升品牌美誉度和信任度。

社交媒体互动的关键在于及时、高效的用户响应。跨境电商企业应建立专业的社媒运营团队，通过人工智能技术辅助，实现全天候、多语种的客户咨询服务。对于用户的投诉和反馈，要本着真诚、专业的态度予以妥善处理，展现良好的品牌形象。此外，个性化互动也是提升用户满意度的重要方式。基于用户社交媒体行为数据分析，企业可以为其推送量身定制的产品信息和优惠活动，满足差异化需求，增强品牌黏性。

品牌社交媒体账号的有效运营管理同样不可忽视。企业需制定系统的内容发布计划，在保证更新频率和质量的同时，兼顾不同平台的特点和受众群体，实现精准传播。引入个性化元素，如品牌吉祥物、专属话题标签等，能够凸显品牌独特性，提高用户的记忆度和认同感。借助社交媒体开展创意营销活动，如有奖问答、新品体验等，也是吸引粉丝参与、扩大品牌影响力的有效途径。

社交媒体互动应坚持用户至上的理念，真正为用户创造价值，而非单纯追求短期销售业绩。品牌形象的树立和维系是一个长期过程，需要企业保持战略定力，以创新的思路、人性化的方式经营社交媒体，持续优化用户体验。同时，还应重视社媒危机预警和应对，建立舆情监测机制，及时化解负面影响，维护良好的品牌声誉。

（三）负面信息应对策略

负面信息对品牌形象的破坏力不容小觑，它可能导致消费者对品牌产生质疑、失去信任，甚至彻底放弃该品牌。因此，跨境电商企业必须高度重视负面信息的应对，及时采取有效措施维护品牌形象与信任度。

企业要建立完善的网络监控体系，实时掌握关于自身品牌的舆情动态。这需要专业的团队和先进的技术支持，通过关键词搜索、语义分析等方式，全方位收集和分析来自各种渠道的信息，如新闻媒体、社交平台、论坛评论等。一旦发现负面信息，要第一时间进行核实和评估，判断其真实性和影响力，制定针对性的应对方案。

对于虚假或恶意中伤的负面信息，企业要勇于通过法律途径维护自身权益。同时，要主动发声澄清事实，用客观数据和证据说话，消除消费者的疑虑。对于确有不当行为或产品问题引发的负面信息，企业要诚恳道歉，承担责任，积极采取补救措施，如产品召回、赔偿损失等，以实际行动重建消费者信任。

在应对负面信息的过程中，企业要注重与消费者的沟通互动。通过官方网站、社交媒体等平台，及时发布权威信息，回应消费者关切。同时，要虚心听取消费者意见和建议，展现开放、透明、负责任的品牌形象。良好的沟通互动不仅有助于化解危机，还能增进品牌与消费者之间的情感连接。

企业还要重视品牌声誉的长期维护。这需要在日常经营中持续提供优质产品和服务，履行社会责任，树立品牌的专业性和公信力。对于跨境电商企业来说，要特别注意不同国家和地区的文化差异，尊重当地消费者的风俗习惯，避免因文化失误引发负面信息。

三、客户反馈与评价体系

（一）构建高效反馈通道

在跨境电商的激烈竞争环境下，及时准确地获取并分析客户反馈信息，对于优化产品和服务质量、提升客户满意度和忠诚度至关重要。一个科学、系统的客户反馈机制不仅能帮助企业全面了解客户需求，发现潜在问题，更能够激发创新灵感，引领产品和服务的迭代升级。

良好的客户反馈通道应具备多样性、便捷性和交互性的特点。多样性是指企业应当为客户提供多种反馈渠道，如在线调查、邮件、电话、社交媒体等，以满足不同客户群体的偏好和习惯。便捷性要求反馈过程简单易行，客户能够轻松、快速地提交反馈，无需过多的时间和精力投入。而交互性则强调企业应积极回应客户反馈，与客户保持良性互动，让其感受到重视和尊重。只有做到触手可及、响应及时，客户反馈通道才能发挥实效。

从客户反馈中提炼真知灼见需要企业具备扎实的数据分析能力和敏锐的洞察力。海量的客户反馈数据固然宝贵，但如果缺乏专业的分析方法和工具，就难以从中发现有价值的规律和趋势。因此，跨境电商企业应重视数据分析团队的建设，引进先进的大数据、人工智能等技术，对客户反馈进行多维度、立体化的挖掘。同时，分析人员还需要跳出数据看本质，将反馈信息与行业趋势、竞争格局相结合，以更广阔的视角解读其中蕴含的商业智慧。

客户反馈的价值不仅体现在指导产品和服务创新，更在于促进品牌形象的塑造和传播。通过积极回应客户反馈，尤其是妥善处理负面评价，企业能够展示责任担当和服务意识，赢得客户的信任和好感。而将客户反馈巧妙融入品牌故事和营销内容之中，又能增强品牌的亲和力和说服力。可见，高效的客户反馈通道不仅是企业了解市场、完善自我的途径，更是树立良好品牌形象、吸引更多忠实客户的法宝。

（二）用户评价分析与利用

用户评价是衡量产品和服务质量的重要依据，也是企业持续改进和创新的重要动力。在跨境电商领域，利用用户评价数据分析消费者的喜好和需求，对于产品优化和服务升级具有重要意义。通过系统收集和分析用户评价信息，电商企业能够全面了解产品的优缺点、服务的满意度，以及消费者的真实诉求。这些宝贵的第一手资料将为产品研发、品质提升、服务改进提供直接依据和行动指南。

深入挖掘用户评价蕴含的价值，需要企业建立科学、完善的分析机制。首先，要采用先进的数据采集技术，通过爬虫系统、API接口等方式，全面获取来自各销售渠道的用户评价数据。其次，要运用自然语言处理、情感分析等人工智能技术，对评价内容进行深层次的语义理解和情感判断，准确把握用户情绪和态度。再次，要使用数据挖掘、机器学习算法，从海量评论数据中发现关键词、高频词，提炼产品亮点和不足，找出服务痛点和改进方向。最后，要借助数据可视化手段，将分析结果直观地呈现出来，让产品、运营、客服等部门直接感知用户声音，及时做出响应和优化。

除了被动分析用户主动留下的评价，跨境电商企业还应该主动收集用户反馈。第一，定期开展客户满意度调查，针对性收集用户对产品功能、性能、材质等方面的意见建议，可以帮助企业发现产品设计和生产环节存在的问题。第二，在客户服务过程中，通过在线客服、电话回访等方式，倾听用户的售后体验和服务诉求，能够有效提升客户满意度和忠诚度。第三，邀请用户参与产品改进和创新，让其参与产品试用、新品测评等环节，增强用户参与感和品牌黏性。通过持续互动和沟通，企业能够构建起紧密的客户关系，实现“以用户为中心”的产品优化和服务升级。

用户评价分析可以应用于产品全生命周期的各个环节。例如，在新品开发阶段，可以通过分析竞品的用户评价，了解市场需求和用户偏好，优化产品定位和设计方案。在产品上市初期，密切关注用户的初步反馈，及时发现和解决产品缺陷，完善使用体验。在产品成熟期，持续监测用户评价变化趋势，把握市场动向，适时推出产品迭代升级。在产品衰退期，深入分析用户流失原因，调整产品策略，延长产品生命周期。可见，用户评价分析贯穿产品全生命周期管理，是产品持续发展和保持竞争力的重要法宝。

（三）激励与奖赏机制

通过精心设计的激励措施，企业能够有效调动消费者分享使用体验、反馈意见的积极性，从而为产品改进和服务优化提供宝贵的第一手资料。同时，奖赏政策的推出也是企业重视客户价值、致力于与消费者建立良性互动关系的重要体现。

从心理学角度来看，激励和奖赏可以满足用户的多元需求，产生强大的行为驱动力。例如，经济型奖励如现金返还、购物优惠券等，能够刺激消费者的物质需求，改变其成本收益评估，提升其参与评价的意愿。而精神层面的激励措施，如积分、榜单、勋章等形式，则通过满足用户的成就感和荣誉感，激发其展示才智、贡献价值的内在动机。当这两种激励方式相结合时，更能形成“1＋1＞2”的综合效应。

具体到评价体系的设计中，企业需要充分考虑奖励的多样性和针对性。一方面，激励措施应涵盖物质和精神两个维度，满足不同用户群体的偏好和诉求。另一方面，奖励力度和评价任务需要相匹配，既要让用户感受到付出的回报，又要防止过度激励导致的评价失真。例如，可以对不同类型的评价内容（如文字、图片、视频）设置差异化的奖励标准，鼓励用户提供更加丰富、生动的反馈信息。

除了常规的积分奖励外，企业还可以创新激励模式，增强用户参与的趣味性和互动性。例如，引入秒杀、抽奖等营销元素，定期推出限量礼品，调动用户参与热情。又如，建立评价任务和用户等级体系，通过连续性的目标设置，引导用户持续贡献高质量评价。这些创新举措不仅能够带来直接的评价数据，更能加深用户对品牌的认同和忠诚度。

在实施激励奖励机制的过程中，企业也需要注意一些潜在风险。过度重视短期刺激可能诱发用户的功利心理，导致评价质量下降，失去应有的参考价值。因此，激励政策的制定需要兼顾长短期目标，注重培养用户主动分享的社区文化。此外，企业还应重视奖励发放的公平性和及时性，避免因执行中的疏漏而引发用户不满，损害品牌形象。

四、危机公关与品牌修复

（一）快速响应与危机评估

面对突如其来的危机，企业必须迅速做出反应，全面评估危机对品牌造成的影响。危机爆发的初期至关重要，稍有不慎就可能酿成难以挽回的损失。因此，企业需要建立完善的危机预警机制，密切监测舆情动向，及时发现潜在风险。一旦出现负面信息或事件，要第一时间启动应急预案，成立专门的危机应对小组，全面收集相关信息，判断事态严重程度。

在危机评估过程中，企业要客观分析问题的原因，准确界定自身在事件中的责任。对于企业自身存在过错的，要勇于承担责任，诚恳道歉；对于不实信息或恶意攻击，要理性澄清事实，坚决维护品牌声誉。同时，企业还要评估危机对品牌形象、消费者信任、市场销量等方面的影响，预判事态可能的发展趋势，为后续的危机处置提供决策依据。

在评估危机影响时，企业要高度重视消费者的感受和反应。品牌声誉来之不易，稍有折损就可能造成顾客流失、市场份额下滑的严重后果。因此，要密切关注消费者的情绪变化，通过客户服务、社交媒体等渠道，与消费者保持良性互动，倾听他们的意见和建议。对于可能对品牌忠诚度产生负面影响的因素，要采取针对性措施，稳定消费者情绪，重建品牌信任。

危机评估结果将直接影响到后续的应对策略。对于影响较小、风险可控的危机，企业可以采取相对温和的方式化解，如主动澄清误解、积极回应质疑等；对于影响重大、舆论压力巨大的危机，则需要采取更加有力的措施，如公开道歉、召回产品、提供赔偿等，以最大限度减少对品牌的负面影响。无论采取何种应对，企业都要以开诚布公、负责任的态度面对公众，用实际行动重建品牌信誉。

（二）应对策略与信息发布

企业应建立完善的危机预警和响应机制，提高对潜在风险的识别和评估能力。一旦发生危机事件，企业要第一时间成立危机应对小组，全面收集相关信息，厘清事件原因，评估其对品牌声誉的影响。在此基础上，企业要制定切实可行的应对方案，明确关键举措。

在信息发布方面，企业要把握时效性原则，尽快通过官方渠道发布权威声明，阐明事件原委，表达歉意，承诺整改。同时，要选择恰当的信息发布平台，如新闻发布会、官方网站、社交媒体等，确保信息传播的广度和深度。在沟通过程中，企业要坦诚面对问题，不回避矛盾，以开诚布公的姿态赢得公众的理解和支持。

企业要主动引导舆论，塑造正面形象。一方面，要通过事实澄清谣言，消除公众的疑虑；另一方面，要适时发布企业在危机处置中的积极举措和阶段性成果，展现负责任的企业形象。必要时，企业还可邀请行业专家、意见领袖发声，以第三方视角解读事件，引导社会舆论向有利于企业的方向发展。

（三）后危机管理与品牌重建

当企业遭遇重大危机事件，如产品质量问题、管理层丑闻等，其品牌形象和声誉往往会受到损害。此时，企业需要采取果断、周全的应对策略，尽快控制危机蔓延，减少负面影响。要真正实现品牌价值的恢复和提升，还需要在后危机阶段持续用力，重塑利益相关方的信任。

从短期来看，后危机管理的重点是修复品牌形象，重建消费者信心。企业应该通过各种渠道，如新闻发布会、公开信、广告等，向公众阐明危机发生的原因，解释应对措施，表达歉意。同时，企业还要推出一系列“补偿性”营销活动，如产品促销、免费试用等，以实际行动弥补消费者的损失，取得谅解。从长期来看，品牌重建则需要企业在产品、服务、管理等方面进行全面革新，以崭新的面貌重新赢得市场认可。这可能意味着对产品设计、生产工艺、质量控制等环节的彻底改造，对员工培训、企业文化、社会责任等内容的系统重塑。只有经过改变，企业才能最终实现品牌价值的提升，甚至超越危机前的水平。

后危机管理和品牌重建的成败，很大程度上取决于企业对危机教训的反思和对未来发展方向的把握。一方面，企业必须认真剖析危机暴露出的管理漏洞和能力短板，建立健全各项风险防控机制。另一方面，企业还要立足长远，审时度势，在品牌重建过程中对标行业标杆、顺应市场趋势，在转型升级中寻找新的突破口和增长点。

五、品牌忠诚度提升策略

（一）个性化服务与顾客保持

在日益激烈的市场竞争中，品牌要想赢得消费者的长期忠诚，仅仅提供优质产品和服务已远远不够，更需要通过个性化、人性化的沟通与互动，满足消费者独特的情感需求，增强其对品牌的认同感和归属感。

跨境电商品牌应深入洞察不同消费者群体的特点和偏好，为其量身定制个性化的服务方案。例如，对于追求时尚潮流的年轻消费者，品牌可以通过社交媒体平台发布新品资讯、流行趋势解读等内容，邀请其参与互动讨论和创意传播；对于注重品质和体验的中高端消费者，品牌则可以提供专属客服、优先发货、定制包装等尊享服务，让其感受到品牌的用心和重视。这种针对性的个性化服务能够精准触达消费者的核心诉求，提升其对品牌的好感度和信任度。

除了满足功能性需求，个性化服务更应关注消费者的情感体验。跨境电商品牌要善于捕捉消费者在购物过程中的心理变化和情绪反馈，适时给予情感慰藉和支持。例如，当消费者对商品质量产生疑虑时，品牌要第一时间主动沟通，耐心解答其疑问，消除其顾虑；当消费者收到心仪商品时，品牌可以送上贴心的祝福和惊喜小礼物，分享其喜悦之情。这些温暖而真诚的情感互动，能够拉近品牌与消费者之间的心理距离，塑造美好的情感纽带。

个性化服务的落脚点在于维系与消费者的长期关系。跨境电商品牌要建立完善的客户关系管理系统，记录和分析消费者的购买行为、偏好变化、反馈意见等关键信息，深入了解其个性化需求，持续优化服务策略。同时，品牌还应主动与消费者保持联系，定期分享品牌动态、营销活动、新品上市等资讯，邀请其参与互动反馈，延续购物体验的愉悦感。这种持续而贴心的顾客关怀，能够强化消费者的品牌记忆，提升其再次购买的意愿。

（二）积分与会员体系

积分与会员体系是跨境电商品牌建设与推广的重要策略之一，它通过为消费者提供持续性的激励和奖励，有效地维系顾客忠诚度，促进品牌与消费者之间的长期绑定。一个精心设计的积分与会员体系，不仅能够吸引消费者的注意力，更能够激发其重复购买的动机，为品牌创造稳定的销售收益。

从消费心理学的角度来看，积分与会员体系满足了顾客的多重需求。首先，它为消费者的购买行为提供了即时奖励，每一次消费都能够获得相应的积分，这种及时的正向反馈能够增强顾客的购物满足感。其次，随着积分的累积，消费者可以享受到更多的优惠和特权，如折扣、赠品、专属服务等，这种差异化待遇满足了顾客的尊重需求和归属感。此外，通过设置积分兑换等级，会员体系还能够激发消费者的成就感和竞争心理，鼓励其更频繁、更大额度地购买，以获得更高的会员等级和相应的权益。

从品牌经营的视角来看，积分与会员体系是深化品牌与消费者关系的有效工具。通过会员数据的收集和分析，品牌能够更加全面地了解消费者的偏好、习惯和需求，从而进行精准营销和个性化服务。例如，根据会员的购买历史和积分情况，品牌可以向其推送量身定制的产品推荐和促销信息，提高营销的针对性和转化率。同时，品牌还可以通过积分与会员体系建立起顾客沟通的渠道，定期发布品牌动态、会员专属福利等，增强顾客对品牌的了解和信任，提升品牌形象和美誉度。

（三）客户教育与社群营造

品牌忠诚度的形成不仅需要优质的产品和服务，更需要企业与消费者之间持续、深入的情感连接。而这种情感连接的建立，离不开客户教育和社群营造的有机结合。

客户教育是指企业通过传授产品知识、使用技巧、价值理念等，提升消费者对品牌的认知和理解，进而增强其黏性和忠诚度的过程。在跨境电商领域，由于消费者与品牌之间存在地理、文化的隔阂，客户教育显得尤为重要。企业可以通过制作翔实的产品说明书、录制生动的视频教程、提供及时的在线咨询等方式，帮助消费者全面了解产品特性，掌握使用方法，体验品牌魅力。同时，客户教育还应涵盖品牌文化、价值主张的传播，让消费者理解并认同品牌的独特定位，从而产生持久的情感共鸣。

社群营造则是在客户教育的基础上，通过搭建线上线下互动平台，促进消费者之间的交流与连接，形成品牌忠诚的社会支持网络。在社交媒体时代，社群营造已成为品牌塑造的重要途径。跨境电商企业可以在社交平台上创建官方账号，定期发布优质内容，鼓励用户点赞、转发、评论，引导他们积极互动。同时，企业还可以组织线上话题讨论、线下品牌体验活动等，为消费者提供交流见面的机会，增进彼此了解，凝聚品牌认同感。在社群氛围的感染下，消费者不仅会对品牌产生更深厚的情感，还会主动传播、分享品牌信息，充当品牌忠实的推广者。

客户教育与社群营造相辅相成，共同织就了品牌忠诚度的社会支撑网络。通过系统、持续的客户教育，消费者对品牌的了解和信赖不断加深，养成长期购买和使用的行为习惯；而社群营造则在消费者之间架起了沟通的桥梁，让他们在持续互动中形成休戚与共的品牌认同感，自发成为品牌的忠实拥趸。两者合力，犹如品牌忠诚度的双翼，推动其不断升华，最终构筑起稳固、持久的消费者关系。

第四章　跨境电子商务运营中的品牌推广渠道与方法

第一节　线上推广渠道与策略

一、搜索引擎优化（SEO）策略

（一）关键词研究与优化

通过系统分析目标受众的搜索行为和偏好，选取高相关度、高搜索量、低竞争度的关键词，并将其恰当地融入网站标题、描述、内容等各个环节，能够有效提升品牌在搜索引擎中的排名和曝光度。同时，关键词优化策略的制定也需要与品牌定位、产品特色紧密结合，确保传递出准确、一致的品牌形象。

1．深入洞察目标市场的需求和痛点

这需要运用各类数据分析工具，全面了解潜在客户在不同阶段的搜索行为特征。通过对关键词的搜索量、季节性变化、长尾关键词分布等维度的分析，品牌可以准确把握消费者的真实需求，并据此调整产品设计和营销策略。

2．考虑从长尾关键词入手

在选择关键词时，除了考虑与品牌产品的相关性，还要权衡关键词的竞争激烈程度。一般而言，搜索量大的关键词往往竞争也更加激烈，对新进入市场的品牌而言难以在短期内获得突出排名。因此，初创跨境电商品牌可以考虑从长尾关键词入手，它们虽然搜索量相对较小，但转化率往往更高。在品牌知名度提升后，再逐步向更有竞争力的关键词进军。

3．持续监测关键词的排名变化

跨境电商品牌需要持续监测关键词的排名变化，分析网站流量来源，并根据数据反馈动态调整优化策略。一些热点事件、行业变革也可能带来新的关键词机会，品牌要保持敏锐嗅觉，快速调整以抓住机遇。

4. 需要警惕过度堆砌关键词带来的负面影响

生硬、重复地使用关键词不仅会降低用户体验，还可能被搜索引擎视为作弊行为，导致网站排名下降。因此，关键词优化必须建立在高质量内容的基础之上，以自然、有机的方式将关键词融入网站的各个层面。这需要从内容策划、UIX设计等多个维度的通力配合。

（二）内容质量与结构优化

高质量、结构合理的网站内容不仅能够吸引和留住用户，还能提升网站的搜索排名，为网站带来更多的流量和转化。要优化网站内容，就要做到以下几点。

1. 深入了解目标受众的需求和偏好，制定符合其特点的内容策略

这就要求网站运营者对目标市场有深入的洞察，能够准确把握用户的搜索意图和阅读习惯。只有基于用户需求来规划内容，才能真正提升内容的相关性和吸引力。

2. 网站内容应该体现出专业性和权威性

这就要求内容创作者具备扎实的专业知识储备，能够提供独到的见解和分析。专业性强、信息量大的内容更容易赢得用户的信任，也更容易获得搜索引擎的青睐。同时，为了保证内容的专业性，网站运营者还需建立严格的内容审核机制，确保每一篇文章在发布前都经过了多重把关和优化。

3. 网站内容应具备良好的可读性

可读性既包括内容本身的逻辑性、条理性，也包括页面的视觉呈现效果。在内容组织上，要突出重点，层次分明，避免大段的文字堆砌；在语言表达上，要力求简洁明了，减少晦涩难懂的专业术语；在页面排版上，要合理运用标题、段落、列表等元素，增强内容的可读性。内容的可读性越强，用户的阅读体验就越好，网站的跳出率也就越低。

4. 网站内容应该具有主题相关性和信息全面性

一方面，每篇文章都要紧扣主题，避免偏题、跑题；另一方面，网站内容

又要尽可能全面地覆盖用户可能关注的各个细节和疑问。如果网站的文章能够既专且精，对某一主题进行360度的透彻讲解，就更容易在同类网站中脱颖而出。

（三）技术优化与网站性能

一个响应迅速、稳定可靠的网站不仅能够提升用户体验，更有助于提高搜索引擎排名。从技术角度来看，网站性能优化主要涉及两个方面：加载速度和用户体验。

1. 网站加载速度

优化网站加载速度对于提升网站质量和搜索引擎排名至关重要。为了提高网站加载速度，可以采取以下措施：压缩图像、启用浏览器缓存、减少HTTP请求、使用内容分发网络（CDN）等。通过这些优化手段，可以显著缩短网页的加载时间，从而带来更好的用户体验和更高的搜索引擎排名。

2. 网站的整体用户体验

一个设计精良、操作便捷的网站更容易获得用户青睐，而这种良好的用户体验也会给搜索引擎带来积极信号。为了优化网站用户体验，需要从多个角度入手：首先，要确保网站在不同设备和浏览器上都能够正常、一致地展示，适应各种屏幕尺寸；其次，要提供清晰、合理的导航结构，方便用户快速找到所需内容；再次，要优化网页布局和视觉设计，提高页面的可读性和吸引力；最后，还要关注网站的互动性和功能性，为用户提供良好的参与和使用体验。

二、在线广告与付费点击PPC广告

（一）PPC广告原理

PPC是英文Pay Per Click的缩写，其中文意思就是点击付费广告。PPC广告是一种高效的在线营销工具，它能帮助跨境电商企业快速提升品牌在目标市场的知名度和曝光率。与传统的广告形式相比，PPC广告具有精准定位、即时可见、灵活可控等优势，使得企业能够以较低的成本获得较高的投资回报率。

PPC广告的一个显著特点是精准定位。通过选择合适的关键词、广告语、投放时段等，企业可以将广告信息精准地呈现给潜在的目标客户。这种针对性强的投放方式不仅能提高广告的点击率和转化率，还能避免无效展示，最大限度地发挥广告预算的作用。同时，PPC 广告平台还提供了丰富的受众筛选条件，如地域、语言、设备等，使得广告主可以根据产品特点和受众属性进行更加细化的定向投放，进一步提升广告效果。

PPC 广告能够实现即时的在线可见性。与 SEO 等方式相比，PPC 广告无需等待较长时间才能看到效果。只要广告主设置好关键词和出价，广告就可以在搜索结果页面的显著位置展现，吸引用户点击，迅速带来流量和潜在客户。这种即时可见的特性尤其适合新上线的网站或产品，以及需要在短时间内获得大量曝光的营销活动。

PPC 广告还具有灵活可控的优势。广告主可以根据营销预算、投放时段、关键词表现等实时调整广告策略。例如，对于表现出色的关键词可以适当提高出价，对于点击率低的广告可以进行优化或暂停投放。这种灵活性使得企业能够对广告效果进行实时监测和优化，不断提升投资回报率。与此同时，PPC 广告还支持 A/B 测试等功能，广告主可以通过对比不同的广告文案、页面设计等，找出最优组合，进而提升整体的广告表现。

PPC 广告的有效运用也需要一定的专业知识和经验。广告主需要深入了解所在行业和目标受众，选择合适的关键词和广告语，设计吸引人的广告创意，并持续监测和优化广告效果。此外，还需要注意控制广告成本，避免过度竞价导致投入产出失衡。

（二）关键词选择与出价策略

关键词选择与出价策略是 PPC 广告优化的核心环节。在广告投放过程中，选择合适的关键词能够精准触达目标受众，提高广告的点击率和转化率。而出价策略则决定了广告在搜索结果中的排名和展示频次，直接影响广告效果和投资回报率。因此，跨境电商企业必须高度重视关键词选择与出价策略的制定，以实现 PPC 广告投放的最优化。

关键词选择需要综合考虑多方面因素。首先，关键词应与产品或服务的属性紧密相关，能够准确反映用户的搜索意图。其次，关键词需要具备一定的搜索量和商业价值，以保证广告的曝光率和转化潜力。再者，关键词的竞争程度也是重要考量指标，过于激烈的竞争可能导致点击成本居高不下，影响投资回报率。此外，关键词的匹配类型、否定关键词的设置等细节问题也需要予以关注。

在实践中，跨境电商企业可以运用多种工具和方法来优化关键词选择。例如，利用关键词规划师等工具，分析关键词的搜索量、竞价指数、预估点击率等数据，筛选出潜力关键词；通过竞争对手分析，发现新的关键词机会，避免过度依赖热门关键词；定期评估关键词效果，及时调整和优化关键词组合，保持广告的新鲜度和吸引力。

出价策略的制定需要权衡多种因素，包括广告预算、目标受众、竞争环境等。一般而言，出价策略可分为手动出价和自动出价两种类型。手动出价允许广告主自行设定每次点击的最高出价，灵活性较强，但需要投入更多时间和精力进行管理。自动出价则由广告系统根据广告主设定的目标（如目标转化率、目标广告排名等）自动调整出价，操作简便，但可控性相对较弱。

无论采取何种出价策略，跨境电商企业都应该重视数据分析和效果评估。通过跟踪广告点击、转化、成本等关键指标，分析不同出价策略的投资回报率，进而优化出价决策。同时，还应该关注外部市场环境和竞争动态的变化，适时调整出价策略，以应对市场变化带来的机遇与挑战。

PPC 广告的关键词选择与出价策略应与企业的整体营销策略相协调。一方面，PPC 广告需要与 SEO、内容营销、社交媒体营销等其他网络营销方式形成合力，共同塑造品牌形象，提升品牌影响力。另一方面，PPC 广告也需要与线下推广渠道实现联动，形成线上线下一体化的营销闭环，最大化营销效果。

三、视频营销与直播推广

（一）视频内容的创意策划

在跨境电商领域，高质量、富有创意的视频内容能够有效吸引目标受众的注意力，提升品牌知名度和美誉度，最终促进销售转化。因此，跨境电商企业需要重视视频内容的创意策划，制定科学、系统的策划流程，确保视频内容的吸引力和传播力。

跨境电商企业在视频内容创意策划中应做到以下几点。

1. 明确视频的主题和目标

企业需要深入分析目标市场和受众特点，根据产品定位和品牌调性，确定视频的核心主题。这一主题既要体现产品的独特卖点，又要契合受众的需求和偏好。同时，视频创意还应与整体营销策略相协调，服务于特定的营销目标，如提高品牌认知度、刺激购买欲望、引导用户互动等。只有明确了主题和目标，后续的创意策划才能有的放矢，避免脱离受众需求和营销实际。

2. 进行灵感创意的发散和收敛

一方面，策划团队要打破思维定式，从多元视角探索创意可能性。可以通过头脑风暴、联想发散等方式，激发团队的创造力，产生海量的创意点子。另一方面，创意发散后还需要进行必要的甄选和提炼。评估每个创意的可行性、独特性、感染力，筛选出最具潜力的方案。在此基础上，进一步丰富和深化优选创意，使其更加成熟和完善。

3. 考虑视频的表现形式和风格基调

在跨境电商领域，常见的视频形式包括产品演示、品牌故事、客户见证、幕后探秘等。不同的表现形式对应不同的创意策略。例如，产品演示类视频需要突出产品的功能特色和使用便利性，创意重点在于生动、直观地展示产品价值。而品牌故事类视频则需要围绕品牌理念和文化内涵展开，创意重点在于塑造品牌个性和形象识别度。同时，视频的风格基调也是创意策划时必须考量的要素。风格基调代表了视频所传达的情感氛围和审美取向，直接影响受众的观感体验。跨境电商品牌需要基于自身定位，塑造独特、一致的视频风格，强化品牌辨识度。

4. 充分考虑不同地区、不同文化背景受众的差异化需求

跨境电商面向全球市场，各国消费者在信息接收习惯、审美偏好等方面存在显著差异。因此，视频内容创意不能“一刀切”，而应有针对性地进行本土化调整。在保证品牌调性基本一致的前提下，视频创意要因地制宜，契合不同国家和地区消费者的文化背景和欣赏习惯，提高内容的传播接受度。同时，在跨文化传播中，视频内容还应注重文化包容性，尊重多元文化，避免刻板印象和文化歧视。

5. 借助数据实现迭代优化

跨境电商企业要建立完善的数据采集和分析机制，实时监测视频内容的传播效果，包括播放量、互动量、转化率等关键指标。通过数据反馈，不断检视

创意方案的有效性，优化完善视频内容。同时，视频内容创意也要紧跟行业趋势和用户需求变化，持续推陈出新，才能保证视频营销的长效价值。

（二）直播互动与观众参与

直播互动与观众参与是当前跨境电商品牌推广的重要趋势。随着互联网技术的发展和用户习惯的变化，直播已成为连接品牌与消费者的重要桥梁。通过直播，品牌可以实时展示产品特色，传递品牌理念，与观众进行亲密互动，建立情感纽带。这种沉浸式的体验能够有效提升用户参与度和品牌忠诚度。

具体而言，直播互动主要体现在多个方面。第一，品牌可以利用直播平台的互动功能，如弹幕、点赞、问答等，鼓励观众实时参与讨论和反馈。这种即时的交流能够增强用户体验，提高观看黏性。第二，品牌可以在直播中设置有趣的互动环节，如抽奖、游戏、现场调查等，调动观众的积极性和参与热情。这不仅能够活跃直播氛围，还能深化品牌印象。第三，品牌可以邀请观众参与产品的设计、选择和评价环节，以用户为中心优化产品体验。这种参与式营销能够增强用户归属感，提升品牌亲和力。

要充分发挥直播互动的价值，品牌还需要注意几点。一是选择合适的直播平台和主播资源，确保受众定位的精准性；二是精心策划直播内容和互动形式，提供有价值、有新意的体验；三是建立完善的直播数据分析和用户管理机制，实现精细化运营。只有不断优化互动策略，提升互动质量，才能真正构建起品牌与用户之间的连接纽带。

第二节　线下推广渠道与活动

一、展会与博览会

（一）选择合适的展会

展会不仅为品牌提供了一个集中展示形象、宣传产品的平台，更是直接面对目标客户、建立商业联系的绝佳机会。然而，面对种类繁多、参差不齐的展会活动，企业如何根据自身特点和发展阶段，甄选出最具针对性和成本效益的展会呢？这需要从展会定位、观众构成、同行参与度等多个维度进行综合评估。

1. 审慎分析展会的定位是否与品牌调性和产品属性相契合

一个定位准确、特色鲜明的展会，更容易吸引与品牌高度匹配的目标客户，从而实现精准营销。例如，一个专注于智能硬件领域的品牌，显然更适合参加国际消费电子展（CES）这样的科技盛会，而非综合性的商品交易会。此外，展会规模和影响力也是重要的考量因素。虽然规模较小的展会门槛较低，参展成本更低，但其影响范围有限，可能难以为品牌带来显著的宣传效果和商业回报。相比之下，知名度高、行业影响力大的展会虽参展难度更高，但品牌曝光度和潜在商机也更为可观。

2. 深入了解展会的观众构成，评估其与目标客户的契合度

这就要求企业对自身的理想客户画像有清晰的认知，并据此分析展会的专业观众比例、观众的行业分布、决策层级等关键特征。唯有参展观众与目标客户高度重合，才能最大限度地实现商业拓展和转化。同时，还要关注展会的国际化程度，评估海外买家的参与规模和采购需求，以判断其与品牌的市场拓展计划是否相符。

3. 同行的参展热情和参与度

那些备受行业瞩目、龙头企业积极参与的展会，往往代表着行业发展的风向标，更容易吸引到高质量的专业买家。通过分析往届展会的参展商名录，特别是同行业优秀品牌的参展情况，可以初步判断该展会在行业内的影响力和号召力。与头部玩家同台展示，还能以此为契机深化同行交流，实现优势互补和资源共享。

4. 要兼顾成本效益，避免盲目追逐而陷入高投入、低回报的窘境

中小企业由于资源禀赋有限，更需要对每场展会的投入产出进行审慎评估，合理配置参展预算。这不仅包括展位租赁、搭建、运输等直接费用，还要考虑人员差旅、宣传资料制作等隐性支出。同时，还要针对不同类型展会的特点，匹配相适应的参展策略和资源投入。例如，行业盛会更强调整体形象塑造，需重点投入展位设计和产品陈列；而区域性展会则更注重现场成交和客户维护，需投入更多人力物力保障接待质量和成单率。

（二）展会布局与设计

展会布局与设计是提升品牌形象、优化产品陈列的关键环节。在跨境电商领域，精心设计的展台和体验区能够吸引潜在买家的注意力，增强品牌印象，促进商业合作。为了达成这一目标，展会布局与设计需要遵循一定的原则和策略。

1. 突出品牌特色

展台设计应当突出品牌特色，彰显企业文化。独特的视觉元素、鲜明的色彩搭配、明确的品牌标识，都是塑造品牌形象的有效手段。设计师可以借鉴品牌 LOGO、产品包装等已有设计，确保展台风格与品牌调性保持一致。同时，展台布局要合理划分功能区域，如接待区、展示区、洽谈区等，既要满足不同参展目的，又要保证动线流畅，提升观展体验。

2. 精心陈列产品

精心策划的产品展示不仅能充分展现产品特色，还能引导观众形成积极的品牌联想。陈列方式可以根据产品属性灵活选择，如悬挂式、立体式、互动式等。要注重产品之间的搭配组合，突出重点产品，同时兼顾系列产品的完整呈现。借助灯光、道具、多媒体等手段，营造氛围，增强产品吸引力。

3. 设置体验区

体验区的设置能够深化观众互动，加深品牌印象。跨境电商企业可以设计虚拟现实（VR）、增强现实（AR）等沉浸式体验项目，让观众身临其境地了解产品功能和应用场景。现场试用、互动游戏等参与式体验，能够调动观众的多感官，留下深刻记忆。体验区的设计要与展台主题相呼应，突出品牌个性。

4. 运用数字化技术

数字化技术的应用能够拓展展会的时空边界，提升参展效果。建设线上展厅，24 小时展示产品信息；开发移动端 APP，实现导览、互动、采购等功能；利用大数据分析，实时监测观众行为，优化布局策略。数字化不仅能延长展会生命周期，还能精准触达目标受众，为品牌导流引流。

5. 考虑展会环境和观众特点

根据展馆空间尺寸，合理规划展位面积和形状；根据光线条件，调整灯光布置和材质选择；根据观众人群，设计互动项目和宣传口号。遵循“因地制宜、因人而异”的设计原则，最大限度地发挥布局与设计的品牌塑造效应。

（三）展会营销策略

展会营销有助于跨境电商品牌拓展市场、提升知名度。通过精心策划和执行，展会营销可以极大地增强品牌影响力，吸引潜在买家，促成合作和交易。

1. 明确参展目标

跨境电商品牌需要根据自身定位、目标市场、预算等因素，确定参加展会的目的，如树立品牌形象、发布新品、开拓渠道、收集市场信息等。只有目标明确，才能有针对性地制定展会营销方案，合理配置资源。

2. 展前的充分准备

跨境电商品牌应提前了解展会的基本情况，如展会主题、参展商构成、观众群体等，以此为依据设计展位布局和现场活动。同时，还要积极进行展前宣传，通过官网、社交媒体、EDM 等渠道向目标客户发出邀请，提高展会知名度和关注度。

3. 展会现场的展示

跨境电商品牌要通过独特的展示方式和互动体验，充分吸引观众的注意力。富有创意的产品展示、生动形象的品牌故事、趣味盎然的互动游戏，都能在茫茫展海中脱颖而出，令观众印象深刻。与此同时，现场工作人员的专业素养和服务意识也很重要，友好热情的态度、娴熟专业的讲解，都会给观众留下美好印象，提高品牌好感度。

4. 数据收集和跟进

在与观众互动的过程中，跨境电商品牌要主动收集潜在客户信息，为后续跟进打下基础。展后，要及时整理分类数据，有针对性地开展邮件、电话等多种形式的持续跟进，进一步加深客户对品牌的了解和信任，推动合作达成。

二、品牌体验店与快闪店

（一）品牌体验店的定位与设计

品牌体验店以独特而鲜明的方式将品牌理念、价值主张和产品特色呈现在消费者面前，提供沉浸式的品牌体验，深化消费者对品牌的认知和情感连接。优秀的品牌体验店不仅能够吸引目标客群，提升品牌知名度，更能通过精心设计的空间布局、产品展示和互动体验，引导顾客产生购买欲望，最终实现销售转化。

1. 定位

品牌体验店的定位需要与品牌形象、目标市场、产品属性等因素高度契合。奢侈品牌体验店往往选址于高端商圈，店面设计尽显奢华与品位；科技品牌体验店则多设于繁华的购物中心，店内布置体现智能与创新；而快时尚品牌体验店通常进驻热门商业街区，店铺风格强调时尚与动感。精准的定位能够确保体验店吸引和服务于目标消费群体，传递恰如其分的品牌信息。

2. 空间布局

科学合理的空间规划不仅能够有效引导顾客流线，提升购物体验，更能通过视觉美学和氛围营造，将品牌内涵巧妙融入店内环境。

3. 产品展示

与普通零售店不同，品牌体验店更注重产品的情境化展示和互动式体验。通过主题陈列、场景还原、多感官互动等多种手段，品牌体验店能够生动形象地呈现产品特色，激发顾客的购买兴趣。产品展示应突出品牌个性，让顾客在体验中感知品牌魅力。

4. 服务互动

优质贴心的服务是提升顾客满意度、建立品牌忠诚度的关键。品牌体验店应配备专业友善的服务人员，为顾客提供商品咨询、导购服务、售后支持等全方位的贴心服务。同时，策划多样化的互动活动，如产品讲座、品牌沙龙、主题派对等，能够拉近品牌与消费者的距离，促进情感互动。

（二）快闪店的策划与实施

快闪店作为一种新颖的线下推广模式，在跨境电商品牌营销中扮演着越来越重要的角色。与传统实体店不同，快闪店往往选址在人流量大的商业区或热门社交场所，营业时间短暂，通常只有几天到几周。这种独特的时空限定性不仅能够吸引消费者的注意力，激发其好奇心和参与热情，更能借助社交媒体的传播效应，在短时间内为品牌创造话题性和影响力。

快闪店的成功策划与实施需要考虑多方面因素。

1. 明确主题定位和目标受众

品牌方需要明确快闪店的主题定位和目标受众，围绕品牌理念、产品特色或节日热点等元素进行创意设计，打造独特的沉浸式体验空间。例如，某跨境美妆品牌可以在情人节前夕开设以“爱的表白”为主题的快闪店，通过浪漫的装饰布置、互动游戏、限量礼品等方式吸引年轻女性消费者，传递品牌年轻时尚、甜蜜梦幻的形象。

2. 选址和把握活动开展时间

快闪店需要选在目标受众频繁出没的地点，如繁华商圈、高校周边、网红打卡胜地等，既要考虑人流量，也要考虑场地的契合度。同时，开业时间应尽量避开同类活动扎堆的高峰期，提前进行预热宣传，制造一定的神秘感和期待感。例如，某跨境零食品牌可以选择在暑期开设“异国美食嘉年华”主题快闪店，提前一周在社交平台发布预告海报，吸引学生群体和年轻白领参与。

3. 精心设计现场体验活动

品牌方要从消费者的需求和痛点出发，提供独特的产品试用、个性化定制、互动游戏等参与式体验，增强品牌认知和好感度。同时，现场布置要突出品牌视觉识别，从室内陈设到店员着装都要体现统一性和吸引力。例如，一个跨境智能家居品牌可以开设“未来生活体验馆”快闪店，通过 VR 设备让消费者身临其境地感受产品的智能场景，现场还可提供 1 对 1 产品讲解和专属定制服务，强化品牌专业、创新的形象。

（三）体验式营销的品牌效应

体验式营销作为一种创新的营销方式，通过为消费者营造身临其境的感官体验和情感互动，能够深化品牌印象，提升顾客忠诚度和购买欲望。在跨境电商日益激烈的竞争环境下，体验店和快闪店等线下推广渠道成为品牌实施体验式营销的重要阵地。

从感官体验的角度来看，体验店和快闪店能够充分调动消费者的视觉、听觉、嗅觉、触觉等感官，营造沉浸式的消费场景。精心设计的店面布局、独特的装修风格、醒目的产品陈列，能够吸引消费者的注意力，激发其探索欲望。同时，通过现场试用、互动体验等环节，消费者能够亲身感受产品的功能和品质，加深对品牌的了解和信任。这种多感官的体验方式，比单一的图文展示更能引发消费者的情感共鸣，增强品牌的吸引力和说服力。

从情感互动的角度来看，体验店和快闪店为品牌与消费者建立情感纽带提供了绝佳舞台。通过店内导购的专业讲解和贴心服务，消费者能够感受到品牌的人文关怀和价值主张。借助主题活动、社交互动等形式，消费者还能与志同道合的人产生联结，分享体验心得，增强归属感和认同感。这种情感层面的交流互动，能够加深消费者对品牌的情感依恋，提升品牌忠诚度和口碑传播度。

从购买转化的角度来看，体验店和快闪店对于刺激消费者的购买欲望和行为具有独特优势。一方面，线下体验能够缩短消费者的决策路径，加快从了解到购买的转化速度。消费者对产品功效、使用方法有了切身体验后，更容易产生购买冲动和信心。另一方面，体验氛围的渲染也能激发消费者的情绪化购买。在轻松愉悦的体验过程中，消费者的心理防线更容易被攻破，从而达成交易。这种将体验与销售无缝衔接的模式，能够显著提升品牌的销售业绩和市场占有率。

体验式营销在实施过程中也需要注意以下几点问题。一是体验内容的设计要与品牌调性和产品特点紧密结合，避免生搬硬套、缺乏创意的体验项目。二是在服务标准和人员培训上要下足功夫，确保消费者能够得到优质、统一的服务体验。三是高度重视消费者的反馈和后续维护，通过持续互动巩固体验效果，提升顾客复购率和生命周期价值。

三、线下广告与宣传活动

（一）传统媒体与户外广告

尽管互联网时代数字营销方兴未艾，但线下广告凭借其广泛的覆盖面、直观的视觉冲击力和难以替代的公信力，依然是品牌传播的重要阵地。选择合适的线下广告形式，精心设计广告内容，能够有效提升跨境电商品牌的知名度和美誉度，为其线上推广奠定坚实基础。

就传统媒体而言，报纸、杂志、电视、广播等形式各具特色。报纸以其时效性和权威性著称，适合刊登品牌形象广告和软文；杂志则以精美的画面和深度的内容见长，便于展示商品卖点和品牌故事；电视以其直观性和感染力取胜，常用于树立品牌形象；广播则以广泛的覆盖面和较高的重复率为优势，适于短平快的广告推广。跨境电商品牌需要根据自身定位和受众特点，选择恰当的媒体组合，并注重广告内容的趣味性和针对性，方能收获良好的传播效果。

户外广告同样不容小觑。它包括了广告牌、灯箱、车身广告、楼宇广告等多种形式，无一不以醒目夺目的视觉效果见长。户外广告直面受众，能够在潜移默化中渗透品牌形象，塑造品牌个性。同时，户外广告多位于人流密集的交通要道、商业中心等，触达面广，适合进行全方位、多角度的品牌展示。跨境电商品牌在投放户外广告时，需要充分考虑广告位置的选择，力求与目标受众的生活轨迹相吻合。此外，广告创意也至关重要，既要突出品牌特色，又要契合当地文化，方能引发共鸣。

跨境电商品牌需要与线上推广形成合力，打造立体化的传播矩阵。线下广告可以为线上引流，而线上互动又能加深线下印象，二者相互促进，相得益彰。同时，品牌还需统筹规划广告预算，在线上线下间合理分配资源，避免盲目投放造成浪费。此外，广告效果的监测与评估也不可或缺，只有及时了解受众反馈，优化调整传播策略，才能真正实现广告投入的价值最大化。

（二）宣传活动规划与执行

精心策划并有效实施线下宣传活动，不仅能够提高品牌的可见度，吸引更多潜在消费者的关注，还能通过与目标受众的直接互动，加深其对品牌的认知和好感，为后续的销售转化奠定基础。

宣传活动的规划需要立足品牌定位和推广目标，充分考虑目标市场的特点和消费者偏好。对于跨境电商品牌而言，由于面向的是海外市场，在制定宣传策略时更应该注重当地文化习俗和消费习惯。只有深入了解目标受众的需求和痛点，才能设计出契合其兴趣、引发共鸣的活动方案。同时，活动形式的选择也需要兼顾创新性和可执行性，在有限的预算内最大限度地吸引眼球，传递品牌价值。

线下宣传活动的具体执行则考验团队的组织协调能力和应变能力。从前期的场地选择、物料准备，到现场的人员管理、流程控制，再到后续的效果评估、反馈收集，每一个环节都需要有条不紊、严格把控。尤其是在异国他乡开展活动，更需要提前做好风险预案，与当地合作伙伴密切沟通，确保活动的顺利进行。灵活机动的现场应对和临场发挥，也能够让品牌形象更加立体、鲜活，给参与者留下深刻印象。

四、社区活动与赞助

（一）社区互动活动的设计

社区互动活动设计的核心在于将品牌价值观与当地社区文化相融合，创造出富有吸引力和参与感的互动体验。为了实现这一目标，品牌需要深入了解目标社区的人文特色、消费习惯和价值诉求，并在此基础上精心策划契合社区特点的互动活动。

1. 立足于社区文化，挖掘其中蕴含的独特魅力和精神内涵

对于一个以传统手工艺为特色的社区，品牌可以策划围绕非物质文化遗产的体验活动，邀请社区居民参与到手工艺制作的过程中，感受传统文化的魅力。通过将品牌与社区文化紧密联系，可以增强品牌的文化认同感，拉近与消费者的距离。

2. 互动活动的设计还应重视社区居民的实际需求和痛点

品牌可以通过市场调研、社区走访等方式，深入了解居民在日常生活中面临的困扰和期待，并据此设计能够切实解决问题、满足需求的互动活动。例如，针对老年人群体较多的社区，品牌可以开展关爱老人、智慧养老等主题活动，

提供健康咨询、生活照料等服务，展现品牌的社会责任感。

3. 社区互动活动应着力营造参与感和体验感

单向的信息传递很难吸引居民的兴趣，品牌需要通过游戏、竞赛、工作坊等多样化的形式，鼓励居民积极参与到活动中来。例如，品牌可以举办与产品相关的趣味比赛，邀请居民分享使用心得，或者组织亲子家庭参加 DIY 制作，在轻松愉悦的氛围中增进品牌好感。同时，互动活动还应注重细节设计，通过舒适的场地布置、贴心的服务细节，为参与者创造难忘的体验。

4. 品牌在社区互动活动中还应重视口碑传播和社交裂变

一场成功的互动活动不仅能够直接影响参与者，更能通过参与者的分享和传播，在更大范围内提升品牌知名度。为此，品牌可以在活动中设置有利于分享和传播的环节，例如抽奖、拍照打卡等，鼓励参与者在社交媒体上分享活动体验。同时，品牌还可以与社区意见领袖合作，借助其影响力扩大活动的辐射范围。

（二）品牌赞助策略

赞助合作不仅能够提升品牌知名度，扩大目标受众群体，还能借助赞助对象的影响力，传递品牌价值观，提升品牌美誉度。但并非所有的赞助机会都能为品牌带来正面效应，不恰当的赞助选择可能适得其反，损害品牌形象。因此，跨境电商企业在制定赞助策略时，必须慎重选择，确保赞助对象与品牌定位相契合，能够传递正确的品牌信息。

1. 要考虑赞助对象的形象是否与品牌一致

赞助对象在其所处领域的美誉度、形象气质都会潜移默化地影响公众对赞助品牌的认知。一个积极向上、富有活力的体育赛事，往往能让赞助商的品牌也被赋予类似的个性标签。反之，如果赞助对象本身形象欠佳，或曾卷入负面事件，无形中也会拉低赞助品牌的口碑。因此，跨境电商企业需要全面评估潜在赞助对象的软实力，选择那些在目标市场广受好评、形象正面积极的合作伙伴。

2. 要评估赞助对象的影响力和受众群体是否与品牌目标市场相匹配

任何赞助活动的最终目的都是触达和吸引目标消费者，提升品牌在目标市场的影响力。因此赞助对象本身要拥有广泛的影响力基础，其受众人群的画像特征要与品牌的目标消费者高度重叠。对于跨境电商而言，优先选择目标国家或地区的意见领袖、权威机构等作为合作方，更容易获得当地消费者的认同。

3. 注重赞助形式的创新性和话题性

单纯的品牌 LOGO 露出很难引起受众的主动关注，而新颖有趣的赞助形式则更容易脱颖而出。可以尝试跨界联名、限定款产品、互动体验等创意十足的玩法，在病毒式传播中实现品牌曝光。赞助创意应紧扣热点话题，引发广泛讨论，让品牌迅速出圈。成功的案例包括某手机品牌冠名热播综艺，在剧情与任务中自然植入，引发全民打卡模仿；又如知名跨境电商平台与博物馆联名，推出文创产品，引发年轻群体追捧和社交媒体刷屏。

4. 跨境电商企业需考虑赞助预算与投入产出比

不同级别的赞助方案在投入成本和权益回报上存在显著差异。企业需要根据营销预算和目标，权衡不同赞助套餐的性价比，避免盲目追求高级别赞助而超出财力。通过对赞助效果的追踪监测，动态优化资源投放，实现利润最大化。对于初创型跨境电商，与成本相对较低但发展潜力巨大的新兴赛事、活动开展长期合作，可能是更明智的选择。

五、线下合作与联盟

（一）合作伙伴的选择与合作模式

品牌应根据自身定位和发展战略，审慎选择具有互补资源和能力的合作伙伴，与之建立长期、稳定的战略合作关系。

1. 品牌需要明确合作伙伴选择的标准和原则

理想的合作伙伴应与品牌在目标市场、发展阶段等方面契合，能够与品牌形成优势互补、资源共享的良性互动。例如，一个定位高端的跨境电商品牌，可以选择在目标市场具有广泛销售网络和良好口碑的当地经销商作为合作伙伴，借助其市场资源和影响力快速打开局面；一个刚刚起步的小型品牌，则可以寻求与成长性好、灵活性强的创业型企业合作，共同开拓市场、分担风险。

2. 品牌要与合作伙伴建立规范、灵活的合作机制

合作机制应明确双方的权利义务、利益分配、风险承担等关键要素，为合作关系的长期稳定发展提供制度保障。同时，合作机制还要预留足够的灵活性和调整空间，以适应市场变化和双方发展需求。例如，品牌可以与合作伙伴建立销售目标责任制，根据市场表现定期调整考核指标和奖惩措施；可以设置阶梯式的利润分成机制，随着合作关系的深入而逐步提高合作伙伴的收益水平，激发其长期合作的积极性。

3. 品牌应注重与合作伙伴的沟通协调和利益共享

良好的沟通是维系合作关系的纽带，品牌要与合作伙伴保持密切、顺畅的信息交流，及时了解彼此的诉求与困难，共同商讨解决方案。同时，品牌还要树立“利益共享、风险共担”的理念，在合作中体现对合作伙伴利益的关切，必要时适当让渡利益、分担风险，以换取合作伙伴的信任和支持。例如，品牌可以为表现突出的合作伙伴提供专项奖励，或在其遭遇市场困境时给予资金、资源等方面的支持，以巩固双方的合作基础。

4. 品牌应重视合作伙伴的培育与赋能

合作伙伴的综合实力直接关系到品牌推广的效果，因此品牌有必要在合作中下功夫培育伙伴，提升其专业能力和服务水平。品牌可以定期组织合作伙伴参加培训、交流活动，传授先进理念、成功经验，引导其用专业化、精细化的方式服务消费者；也可以向优秀合作伙伴开放品牌资源，在授权范围内允许其使用品牌标识、共享品牌数据，赋予其更大的自主权，调动其积极性创造性。

（二）联盟营销的利弊与策略

通过与其他企业或机构建立合作关系，共享资源和渠道，企业能够以较低成本获得更广泛的品牌曝光和市场影响力。然而，联盟营销也存在一定的风险和挑战，需要企业审慎选择合作伙伴，精心设计合作方案，方能实现共赢。

联盟营销能够帮助企业快速拓展目标市场，触达更多潜在客户。通过与在目标市场具有影响力的企业或机构合作，如当地的行业协会、媒体平台、意见领袖等，跨境电商企业能够借助合作伙伴的资源和渠道，迅速提升品牌知名度和美誉度。同时，联盟营销还能够为企业带来可观的流量和销量增长。合作伙

伴发布的品牌推广内容，如软文、广告、产品评测等，能够引导其用户群体关注和购买企业的产品，从而直接带动销售业绩的提升。

相比于独立开展营销活动，联盟营销在成本上更具优势。企业无需投入大量资金购买广告位或举办大型营销活动，而是通过与合作伙伴分享利润或互换资源的方式，以较低成本获得品牌推广效果。这对于资金实力有限的中小跨境电商企业而言尤为重要。通过联盟营销，他们能够在激烈的市场竞争中获得更多曝光机会，逐步积累品牌影响力。

联盟营销也存在一定的局限性。第一，合作伙伴的选择至关重要。企业需要评估潜在合作伙伴的行业地位、用户群体、声誉口碑等，选择与自身品牌定位相匹配、能够为目标客户带来价值的伙伴。不当的合作选择不仅无法实现预期的推广效果，还可能因合作伙伴的负面形象而损害品牌声誉。第二，联盟营销对于品牌控制力的要求较高。由于品牌推广内容部分由合作伙伴制作和发布，企业对于内容的把控难度加大。如果合作伙伴发布了与品牌调性不符或者质量不佳的内容，很可能引发用户的反感，带来负面影响。

因此，跨境电商企业在实施联盟营销策略时，应制定严格的筛选标准，秉持长期合作的理念，与理念相符、实力互补的企业建立稳固的合作关系。同时，企业还应加强与合作伙伴的沟通协调，建立完善的内容审核机制，确保推广内容的质量和一致性。在合作过程中，企业也应该定期评估推广效果，根据数据反馈动态调整合作方案，及时优化资源配置。

六、线下促销与优惠活动

（一）促销与优惠活动的设计

精心设计的促销与优惠活动不仅能够吸引更多目标消费者的关注，提升品牌知名度，更能直接促进销售转化，为企业带来可观的经济效益。然而，要实现促销活动的预期目标，必须在规划阶段投入足够的时间和精力，确保活动方案的科学性和可行性。

不同的品牌在市场中的定位各异，其目标消费群体也有所差异。因此，在设计促销与优惠活动时，必须充分考虑品牌的独特卖点和受众需求，量身定制出最具吸引力的活动方案。例如，对于定位高端、注重品质的跨境电商品牌而言，可以考虑开展限量款产品的优惠预售，或是推出精美的礼品套装，突出品牌的奢华气质和专属服务，吸引追求品位和身份认同的消费者参与。对于主打性价比、深受年轻群体欢迎的品牌，则可以通过社交媒体发起有奖转发、拼团抽奖等互动性强的促销与优惠活动，充分调动粉丝的参与热情，实现裂变式传播。

（二）促销与优惠活动的时间

很多跨境电商品牌习惯在传统节假日或购物狂欢节开展促销，这固然能够借助节日氛围吸引眼球，但同时也面临着激烈的同质化竞争。为了脱颖而出，品牌不妨另辟蹊径，选择在特殊纪念日、行业峰会或线下展会期间推出专属促销与优惠活动。这些时间节点往往聚集了大量目标受众，而竞争压力相对较小，更有利于品牌占据消费者心智，实现精准触达。同时，在时间跨度的把控上也要做到恰到好处。活动周期过短容易让消费者觉得仓促，难以形成规模效应；而周期过长则可能导致活动疲软，失去新鲜感和号召力。一般而言，7～15 天的活动周期较为适宜，既能充分调动消费者参与的积极性，又不至于占用过多营销资源。

（三）促销与优惠活动的奖励设置

一方面，奖励力度要足够大，能够对消费者产生强烈的刺激和诱惑。单一的价格折扣往往缺乏新意，不如附赠小样、赠品券、积分等形式更能吸引消费者参与。而为了回馈品牌忠实粉丝，还可以考虑分阶梯设置专属奖励，如累计消费满特定金额即可获赠限定款产品，或是参与抽取神秘大奖的机会，以此增强消费者的获得感和归属感。另一方面，奖励的种类和数量也要把控在合理的范围内。过于复杂的奖项设置容易导致消费者难以理解，降低参与热情；而奖品库存不足又会引发客户投诉，损害品牌口碑。因此，在设计促销奖励时，要充分评估活动预算和产品库存，选择最佳的激励组合，确保活动的顺利开展和圆满收官。

（四）优惠力度的把控

过低的优惠力度难以吸引消费者，而过高的优惠又可能损害品牌形象，给人廉价的感觉。跨境电商企业要在成本、利润和竞争策略之间寻求平衡，既要体现足够的诚意，又要确保自身的盈利空间。同时，还要关注竞争对手的动向，根据市场反应适时调整优惠力度，既不落后于人，也不盲目跟风。力度的把控需要企业具备敏锐的市场洞察力和灵活的应变能力。

（五）活动形式要丰富多样

单一的优惠形式容易引起审美疲劳，削弱活动效果。跨境电商企业可以综合运用折扣、满减、赠品、积分、会员专享等多种优惠形式，针对不同的产品类别、消费者特点，灵活搭配，提供个性化的优惠体验。同时，还可以与线上线下渠道联动，通过社交媒体、直播等方式增加优惠活动的互动性和参与感，提升顾客黏性。

跨境电商企业要选择合适的优惠发放渠道，确保优惠信息精准触达目标客群；优化优惠使用流程，为顾客提供便捷、流畅的购物体验；完善优惠规则说明，避免顾客产生误解，引发纠纷。同时，还要加强数据分析和效果评估，及时发现问题，持续改进优化。只有实现从策划到执行的全流程把控，优惠活动才能真正发挥应有的作用。

第三节　社交媒体营销

一、社交媒体平台选择与定位

（一）分析社交媒体平台特性及其用户群体

社交媒体平台的多样性为企业品牌推广提供了广阔的选择空间。不同的社交平台在功能定位、用户群体特征等方面各具特色，企业需要深入分析这些差异，制定契合自身品牌定位和目标受众的平台选择策略。从功能定位来看，社交媒体平台可以分为综合性平台和垂直性平台。综合性平台如微信、微博等，涵盖了社交、娱乐、资讯等多种功能，用户规模庞大，覆盖面广。这类平台适合进行大范围的品牌曝光和互动传播。而垂直性平台则专注于某一特定领域，如抖音聚焦短视频内容，小红书专注美妆时尚领域。这类平台会聚了特定领域的垂直用户，有利于实现精准营销。

除了功能定位，社交媒体平台的用户群体特征也是决定企业选择的关键因素。不同平台吸引了不同的用户群体，他们在年龄、性别、地域、收入、兴趣爱好等方面呈现出明显的差异性。

社交媒体平台的传播特点也是影响企业决策的重要因素。在微博等平台上，点赞、转发、评论等交互行为频繁，利于实现病毒式传播，快速扩大品牌影响力。而在小红书等垂直社区里，用户注重优质内容的生产与分享，企业可以通过高质量的种草笔记建立品牌权威。不同平台的传播机制、互动方式都有所不同，企业要因地制宜地制定传播策略。

社交媒体平台的商业化程度是企业需要考虑的因素。部分平台已经形成了成熟的商业生态，为企业营销提供了丰富的工具和资源。如微信平台不仅有公众号、朋友圈广告等基础功能，还推出了小程序、微信支付等商业化解决方案。企业在选择平台时，要评估其商业生态的成熟度，充分利用平台资源实现营销目标。

(二) 制定企业社交媒体平台选择策略

企业在制定社交媒体平台选择策略时，需要全面考虑自身品牌特点、目标市场定位以及各平台的用户属性和功能定位等关键因素。只有在深入分析这些因素的基础上，才能选择最适合企业发展的社交媒体组合，精准触达目标受众，实现品牌推广和营销转化的目标。

1. 深入分析自身品牌的特点

企业应该深入分析自身品牌的独特卖点、核心价值主张以及品牌个性等特点。不同品牌在调性、风格上存在显著差异，这就要求企业选择与之契合的社交平台。

2. 深入洞察目标消费者的特点

企业需要深入洞察目标消费者的特点，并据此选择受众聚集度高的社交平台。通过大数据分析等技术手段，企业可以准确勾勒出目标消费者画像，了解他们的人口统计学特征、兴趣爱好、媒体使用习惯等。这些信息为平台选择提供了重要依据。选择受众匹配度高的平台进行传播，可以大大提升营销的精准度和转化率。

3. 深入了解各大社交平台的功能特点和算法机制

企业需要权衡各大社交平台的功能特性和算法机制，选择最能满足品牌营销需求的组合。当前，各社交平台在功能、传播机制上已经形成了差异化的特色。例如，微信基于强社交关系链，更适合口碑营销和私域流量运营；抖音依托算法推荐，更擅长创意视频传播和品牌种草。企业应充分了解各平台的功能特点，并结合自身产品特性、营销诉求，打造个性化的传播策略。同时，还要紧跟平台算法的变化趋势，及时调整优化营销方案，确保传播效果的最大化。

4. 企业在社交媒体平台选择上应考虑成本效益的平衡

不同平台在广告投放、内容制作等方面的成本存在差异。企业需要在预算范围内，权衡各平台的投入产出比，选择性价比最优的组合。对于预算有限的中小企业而言，聚焦一两个核心平台进行深度运营，可能比分散投放更加明智。而对于实力雄厚的大企业来说，则可以考虑全平台布局，实现品牌声量和影响力的全面覆盖。

二、内容营销策略与实施

（一）有效内容营销策略

1. 明确内容营销的目标定位

这直接关系到内容的选题、风格和传播方式。通常，内容营销的目标可以分为提升品牌认知度、建立品牌权威性、引导用户转化等几个层次。不同的目标需要采取不同的内容策略。

2. 内容的选题要紧密结合目标受众的兴趣偏好和需求痛点

只有真正为用户提供有价值的内容，才能吸引他们主动分享和传播。这就要求内容创作者深入了解行业动态和用户需求，选择新颖独特的选题角度，以高质量的内容脱颖而出。同时，内容的呈现方式也要符合目标平台的特点和用户习惯。如在微博等碎片化阅读场景，要注重内容的简洁、直观和吸引力；而在公众号等深度阅读平台，则需要更加注重内容的深度、逻辑性和可读性。

3. 优质内容应具备持续产出、多元互动的特点

一次性的内容传播很难建立起品牌与用户之间稳固的联系，只有通过持续高质量的内容输出，才能逐步积累用户信任，构建长期的品牌资产。而通过丰富的互动形式，如有奖问答、话题讨论等，可以更好地调动用户参与热情，增

强品牌黏性。

4. 在内容传播过程中，还需要重点关注用户反馈和数据分析

及时跟踪内容传播效果，深入分析用户的行为数据和反馈意见，可以帮助不断优化内容策略，实现精准触达和产出。要敢于尝试新的传播渠道和内容形式，利用新技术手段提升内容质量和互动性，从而实现内容营销价值的最大化。

（二）内容营销实施与执行过程中的关键点

内容营销是跨境电商企业进行品牌推广的重要手段，其实施与执行过程涉及多个关键环节。

1. 内容策划

企业需要根据目标受众的特点和需求，确定内容的主题、风格和形式。一方面，内容应该紧密围绕品牌定位和产品特色，突出企业的核心竞争力；另一方面，内容还应该贴近用户的生活实际，提供有价值、有意义的信息，引发情感共鸣。只有在深入洞察用户需求的基础上，才能创作出吸引人、打动人的优质内容。

2. 内容生产

跨境电商企业需要组建专业的内容创作团队，或者与外部的内容机构开展合作，确保内容的质量和稳定性。在内容生产过程中，要注重多元化和差异化，通过图文、视频、音频等多种形式，全方位展示品牌形象和产品特色。同时，内容还应该具有独特性和创新性，避免同质化和重复化，以提高用户的认可度和忠诚度。优质的内容是吸引用户关注、引发用户互动的基础，也是树立品牌口碑、提升品牌影响力的关键。

3. 内容分发

跨境电商企业需要根据不同平台的特点和规则，制定差异化的内容分发策略。第一，要重点布局主流社交媒体平台，通过持续、高频的内容更新，维持用户的关注度和活跃度。第二，要开拓垂直细分领域的平台和社区，通过精准、深度的内容传播，吸引目标用户的关注和互动。第三，要注重内容分发的时效性和互动性，通过热点事件、节日营销等契机，实现内容的快速传播和病毒式

营销。只有在合适的时间，通过合适的渠道，向合适的用户传递合适的内容，才能真正实现内容营销的价值。

4. 内容优化

跨境电商企业需要通过大数据分析，实时监测内容的传播效果和用户反馈，并根据数据反馈不断调整和优化内容策略。一方面，要对内容的点击量、转发量、互动量等关键指标进行跟踪和分析，及时发现传播效果较好的内容类型和话题方向；另一方面，也要重视用户的评论和反馈，深入了解用户的真实需求和痛点，不断改进内容的质量和针对性。只有建立起“内容生产－数据分析－策略优化”的闭环机制，才能实现内容营销的可持续发展。

三、社交媒体广告投放与优化

（一）社交媒体广告投放策略的选择

社交媒体广告投放策略的选择需要基于企业的品牌定位、营销目标和目标受众特点进行综合考量。

不同类型的社交媒体平台具有各自独特的用户属性和互动方式，企业应根据自身需求选择最契合的广告投放策略。对于追求品牌曝光和知名度提升的企业而言，大流量的社交平台如微博、微信、抖音等是首选。这些平台拥有海量用户，通过精准定向投放，可以在短时间内触达大量潜在消费者，快速提升品牌认知度。同时，这些平台也支持多样化的广告形式，如信息流广告、视频贴片广告等，为企业提供了广泛的创意表达空间。对于注重销售转化和用户互动的企业，则可考虑在垂直领域内影响力较大的社交平台投放广告。例如，在母婴领域，宝宝树等母婴社区往往会聚了大量准妈妈和年轻妈妈用户，她们对母婴产品和育儿知识有着强烈的需求。企业可以通过在这些平台投放商品推广广告，直接触达目标用户群体，引导其完成购买转化。在广告创意方面，母婴社区用户更关注产品的实用性和口碑，因此广告内容应着重体现产品卖点和用户评价。

针对不同的营销阶段和目标，社交媒体广告的投放策略也需要进行动态调整。在产品上市初期，企业往往需要集中资源打造爆款营销，快速吸引用户眼球。此时，可以考虑在头部社交平台密集投放高频次、大规模的品牌广告，通过视觉冲击和频次累积塑造品牌形象。在产品成熟期，企业则更注重销售业绩的提升，广告投放需要强调转化率的优化。可以通过 A/B 测试等方式对比不同的创意方案和投放策略，不断迭代优化，找到最佳的投入产出平衡点。

社交媒体用户对广告的接受度和反馈也是影响广告投放策略选择的重要因素。企业需要密切关注广告投放后的用户反馈，及时调整不被用户接受的创意内容和投放方式。一方面要规避过于频繁、强硬的广告投放，防止引起用户反感；另一方面也要把握热点事件和节日营销的机会，借势提升广告的关注度和传播效果。

（二）广告优化过程中的关键指标与调整技巧

广告优化的核心在于通过动态监控广告效果数据，及时调整投放策略，从而最大化投资回报率。在这一过程中，识别和跟踪关键指标是优化工作的基础。点击率、转化率、投资回报率等指标能够直观地反映广告的受众触达情况、引发用户行为的能力以及整体投入产出效果，是判断广告表现的重要依据。同时，页面停留时间、跳出率等参数也能够提供有价值的见解，帮助企业洞察用户与广告内容的互动质量，优化创意，从而提升用户体验。

然而，盲目追求单一指标的提升往往容易导致优化方向的偏离。以点击率为例，一味追求吸引眼球的创意和文案固然能够提升这一数据，但如果广告定位不够精准、着陆页说服力不足，大量点击也难以转化为实际购买。因此，广告主需要综合考虑各项指标，权衡其内在联系，以系统性的视角指导优化实践。通过对广告数据的持续监测和对比分析，及时发现投放中的问题，并据此动态调整优化策略，才能真正实现广告效果的提升。

具体而言，在投放初期，广告主可以通过 A/B 测试等方法，比较不同创意、文案、受众定向的效果差异，筛选出最优组合。在此基础上，还可以运用像素追踪、再营销等技术手段，精细化地管理广告触达和转化路径，提升投放的精准度。随着数据的积累和分析，广告主还可以利用机器学习算法，建立优化模型，实现广告策略的自动调优。此外，借助社交媒体平台提供的丰富的受众洞察数据，广告主可以深入分析用户特征、行为偏好等，挖掘高价值的细分受众，并为其定制个性化的广告体验。

过于频繁的策略调整可能会干扰广告效果的评估。一方面，广告效果的显现往往存在一定的时间延迟；另一方面，频繁的变动也容易引发学习成本和管理成本的提高。因此，调整的时机和频次需要根据广告投放的实际情况而定，既要保持一定的稳定性，又要及时响应效果波动。优化节奏的把握需要广告主在实践中不断积累经验。

第四节　跨境电商平台营销与推广

一、平台选择与定位

（一）分析不同平台的市场定位与目标用户

不同平台的市场定位和目标用户存在差异，企业需要根据自身产品特点和目标市场，有针对性地选择最匹配的平台。

一是企业应该深入了解各大跨境电商平台的基本情况，包括其业务模式、主要市场、热销品类等。

二是企业需要评估不同平台的目标用户画像是否与品牌调性相匹配。选择目标受众契合度高的平台，能够事半功倍地提升推广效果。

三是企业在选择跨境电商平台时还需要考虑与企业发展阶段和资源禀赋的匹配性。初创企业可以选择进入门槛较低、佣金费用较低的平台，先积累一定的运营经验和销售业绩。成长期的企业则可以进驻流量大、综合实力强的平台，借助其成熟完善的服务体系实现快速增长。

四是企业在选择跨境电商平台时，应该关注其配套服务能力，如仓储物流、支付清关、知识产权保护等。完善的配套设施和政策，能够显著降低企业的运营成本和风险，为品牌推广创造良好的环境。

五是建议企业采取多平台组合投放的策略，在2～3个重点平台深耕的同时，布局其他平台进行测试，及时调整优化资源配比。这种大小并举、相互补充的方式，既能集中资源培育爆款，又能分散风险拓展增量，是跨境电商实践中的最佳路径。

（二）评估平台的流量潜力与费用结构

流量潜力是指平台吸引和留住用户的能力，直接影响着商家的曝光机会和销售转化。一个理想的跨境电商平台应该拥有庞大而活跃的用户群体，并能够通过精准的推荐算法、优质的内容生态、良好的用户体验等方式持续吸引新用户并提高老用户的黏性。商家可以通过分析平台的月活跃用户数、日均浏览量、用户停留时间等关键指标来评估其流量潜力。

与流量潜力密切相关的是平台的费用结构。不同的跨境电商平台在收费模式和收费标准上存在较大差异。一些平台采取入驻费＋佣金的模式，商家需要支付一定的保证金和年费，同时在每笔交易中按照一定比例缴纳佣金。一些平台采取竞价排名的模式，商家通过提高每次点击的出价来获得更好的展示位置。还有一些平台采取包年包月的模式，商家按照不同的套餐标准支付固定费用，享受相应的流量资源和增值服务。

商家需要根据自身的产品特点、目标市场、营销预算等因素，权衡不同平台的费用结构，选择性价比最高的合作方式。对于一些利润率较高、客单价较高的产品，商家可以考虑选择佣金比例较高但流量质量更好的平台。对于一些利润率较低、依赖销量的产品，商家则可以选择费用相对较低但曝光量更大的平台。此外，商家还需要综合考虑平台的口碑、物流时效、售后服务等因素，以确保消费者能够获得良好的购物体验。

在评估平台流量潜力和费用结构的基础上，商家还需要制定科学的预算分配方案。第一，要把握好投入产出比，将有限的营销预算投放到转化效果最好的平台和渠道。第二，要注重营销活动的多样性和持续性，通过多元化的营销组合提升品牌在平台上的曝光度和认知度。第三，商家需要建立完善的数据分析体系，实时追踪关键营销指标的变化，及时优化调整营销策略。

（三）制定符合平台规则的营销策略

制定符合跨境电商平台规则的营销策略，对于确保品牌定位在平台上的一致性至关重要。每个跨境电商平台都有其独特的市场定位、用户群体和运营规则，品牌方必须深入了解并适应这些特点，方能实现有效的营销推广。

一是品牌方应全面研究目标平台的受众特征，包括其地域分布、人口统计学特征、消费习惯、语言文化等，据此调整品牌定位和营销方案。例如，亚马逊的用户多为欧美发达国家消费者，对产品品质和体验要求较高，因此在亚马逊营销时，品牌应突出产品的高端形象和优质服务。而速卖通的用户则以新兴市场为主，对价格较为敏感，品牌在速卖通营销时应更加注重性价比优势的传达。

二是品牌方需充分吸收平台既有的成功营销案例，总结其经验规律。优秀卖家往往对平台规则有着深刻理解和灵活运用，他们的店铺运营策略、产品优化技巧、推广方式等都值得借鉴学习。同时，也要关注平台的失败案例，分析其败因，引以为戒。只有将成功经验内化于心，失败教训铭记于心，才能在平台营销中趋利避害，稳步前行。

三是品牌方要主动适应并遵循平台营销规则。跨境电商平台对店铺运营、商品发布、促销打折等方面都有严格规定，违规操作不仅达不到营销效果，还可能招致处罚，损害品牌形象。因此，品牌方必须全面学习平台规则，规范自身行为，并随时关注规则更新，及时调整策略。在此基础上，还要学会利用平台为卖家提供的各类营销工具，如广告投放、优惠券、秒杀活动等，制定系统完善的推广方案。

四是品牌方需重视内容营销和社交营销，增强与平台用户的情感连接。通过图文并茂的商品详情页、新奇有趣的店铺故事、贴近生活的品牌微博等，品牌能够吸引用户的注意力，引发其共鸣。而通过专业友善的客户服务，品牌则可以与用户建立稳固的信任关系。这种基于优质内容和服务的情感营销，是培育品牌忠诚度的有效途径。

五是品牌方应建立数据分析机制，实时监测平台营销效果。通过分析平台提供的流量数据、转化数据、销售数据等，品牌可以洞察用户行为特点，发现营销优劣势，进而动态调整策略，实现持续优化。数据分析不仅是检验既有策略成效的“照妖镜”，更是指引未来决策方向的“风向标”。

二、产品上架与优化

（一）产品信息的完整性与准确性

商品详情页是电商平台中最直接影响消费者购买决策的关键，其信息的完整性和准确性至关重要。高质量的商品详情页不仅能够全面展示产品的特点和优势，帮助消费者了解产品，还能够提升消费者的信任度，激发其购买欲望。相反，如果产品信息不全面、不准确，甚至存在误导性描述，不仅会影响消费者的购物体验，还可能导致客诉和退换货等问题，损害品牌形象。

对于跨境电商企业而言，打造吸引消费者的商品详情页需要从以下几个方面着手。

1. 要确保产品信息的完整性

这包括产品的基本参数、功能特点、使用方法、售后服务等方面。通过详细、准确地描述产品的各项属性，消费者才能全面了解产品，评估其是否符合自身需求。同时，完整的产品信息还能减少消费者的疑虑，提升其购买信心。

2. 要重视产品信息的准确性

在跨境电商中，由于语言、文化差异等因素，商品信息的翻译和本地化adaptaion至关重要。企业要确保商品名称、描述、规格等关键信息翻译准确、表述清晰，避免因错误信息引起消费者误解。此外，对于商品的功效、适用范围等方面的描述，也要实事求是，杜绝夸大其词乃至虚假宣传。

3. 要注重商品详情页的视觉呈现

丰富的图片和视频内容能够直观地展示产品的外观、功能和使用效果，帮助消费者快速了解商品卖点。同时，合理的页面布局、清晰的信息架构，能够引导消费者的关注点，提升页面的可读性和转化率。

4. 要善于利用用户评价、购买记录等社交化信息

真实的用户反馈能够帮助消费者全面评估商品，减少购买风险。通过引入用户生成内容，企业可以增强商品描述的可信度，提升消费者信任。

5. 要重视商品详情页的优化迭代

企业应当持续关注商品的市场表现和用户反馈，定期优化和更新商品信息。对于消费者反馈的问题或建议，要及时跟进并在商品描述中予以体现，以展现品牌的客户关怀和服务意识。

（二）利用 SEO 优化产品排名

随着跨境电商的蓬勃发展，各大平台上的商品数量急剧增加，消费者面临着海量的选择。在这种情况下，如何让自己的产品脱颖而出，吸引目标客户的

注意力，成为每个卖家必须思考和解决的问题。而SEO优化正是破解这一难题的利器。

从本质上讲，SEO优化是一种利用搜索引擎算法规则，提高网页在搜索结果中排名的技术。对于跨境电商卖家而言，这意味着要对产品页面进行精心设计和优化，使其符合平台搜索引擎的排名规则，从而在消费者搜索相关关键词时，能够排在靠前的位置，获得更多曝光机会。具体来说，SEO优化需要从关键词选择、页面标题和描述、图片优化、用户体验等多个方面入手。

1. 卖家需要深入研究目标消费者的搜索习惯，选择合适的关键词

好的关键词应该具有较高的搜索量，同时与产品属性密切相关。通过在产品标题、描述、关键词栏等位置合理布局这些关键词，可以有效提升产品页面与用户搜索词的匹配度，增加被搜索到的概率。

2. 优化产品页面的标题和描述

标题应该简明扼要，突出产品的核心卖点，同时包含主要关键词。而描述则需要更加详细、生动，不仅要涵盖产品的功能、特色、优势等信息，还要适当融入关键词，增强页面的相关性。

3. 优化图片

在跨境电商中，产品图片是吸引消费者眼球、激发购买欲望的关键因素。卖家应该上传高清、多角度的产品图片，并对图片进行合理命名，包含相关关键词。同时，还要为图片添加标签，方便搜索引擎识别和索引。

4. 保证用户获得良好的用户体验

页面加载速度快、布局清晰、导航简单等因素，都会影响消费者的浏览时长和互动程度，进而影响页面在搜索引擎中的权重。卖家应该从消费者的角度出发，不断优化页面设计，提供更友好、便捷的购物体验。

（三）定期更新，保持产品页面活跃

在跨境电商平台营销与推广中，定期更新和保持产品页面活跃，不仅能够提高产品在平台上的曝光度，提升搜索排名，更能够吸引潜在客户的关注，促

进产品销量的提升。

定期更新产品页面内容能够向消费者传达品牌的专业性和可信度。跨境电商环境下，消费者无法直接接触和体验产品，他们往往通过产品页面的信息来判断产品的质量和卖家的服务水平。因此，页面内容的丰富性和专业性就成了建立消费者信任的关键。通过定期更新产品描述、规格参数、使用说明等信息，并结合高清图片、视频等多媒体元素，卖家能够全面展示产品的特点和优势，消除消费者的疑虑，赢得他们的信任和青睐。

保持产品页面活跃有助于提升产品在平台搜索和推荐中的权重。许多跨境电商平台的搜索和推荐算法都会考虑页面的活跃度，如更新频率、互动量等指标。页面活跃度越高，越容易被平台识别为优质内容，从而在搜索结果和推荐栏目中获得更多曝光机会。相反，长期不更新的页面往往会逐渐淡出消费者的视野。因此，卖家需要通过定期更新页面内容、发布优惠活动、鼓励买家评价等方式，维持页面的活力，提升产品的流量和转化率。

活跃的产品页面还能够带来更多社交传播和二次营销的机会。在许多跨境电商平台上，买家可以通过分享、评论等方式与卖家和其他买家互动。一个内容丰富、互动频繁的产品页面更容易引发买家的兴趣和参与热情，从而产生口碑效应和裂变式传播。买家的分享和推荐不仅能够为产品带来免费的流量，还能提升产品的信任度和美誉度，吸引更多潜在客户的关注。

定期更新和维护产品页面也需要投入一定的时间和精力。卖家需要根据产品的特点和受众群体，制定合理的更新频率和内容策略。既要保证页面内容的质量和吸引力，又要兼顾运营成本和效率。通过数据分析和用户反馈，卖家可以不断优化页面内容和互动方式，找到最佳的更新节奏和投入产出比。

三、平台广告投放策略

（一）确定广告的目标与预算

1. 明确广告目标

广告目标直接决定了广告投放的方向、渠道选择以及预算规模。通常，跨境电商平台广告目标可分为提升品牌认知度、吸引潜在客户、促进销售转化等几个层次。品牌认知度的提升侧重于扩大受众群体，让更多目标消费者了解并熟悉品牌，为后续营销活动奠定基础。而吸引潜在客户则旨在通过精准定位，将对产品感兴趣且有购买意向的消费者引流至店铺或商品页面，为销售转化提供更多机会。促进销售转化则是直接以提高销售额、增加订单量为目的，通过诱人的优惠促销刺激消费者下单购买。不同的广告目标对应不同的投放策略，需要跨境卖家根据自身发展阶段、营销重心进行权衡取舍。

2. 确定广告预算

科学合理的预算规划有助于在促进销售增长和控制营销成本之间取得平衡，实现投入产出比的最大化。通常，广告预算的制定需要综合考虑企业的整体营销预算、广告目标的轻重缓急、不同平台渠道的投放效果等多重因素。一般而言，跨境电商卖家在进入新市场、推广新品时，需要投入更多预算提升品牌曝光度；在产品成熟期，则可适当减少品牌广告投放，将更多资源配置在销售转化环节。同时，不同平台的广告形式和收费模式也有所差异。卖家需要根据各平台的特点，以及自身产品的受众群体、利润空间等因素，制定差异化的预算方案。

在广告预算规划过程中，ROAS（广告支出回报率）是一个重要参考指标。它衡量了每一美元广告花费带来的销售收入，直观反映了广告投放的效率和收益性。通过跟踪ROAS的波动趋势，卖家可以及时调整广告策略，将预算向高效的广告渠道和形式倾斜，同时减少或终止低效广告的投放。一般来说，要实现可观的投资回报，ROAS至少应达到4∶1。不过，这一比例因产品类型、利润率等因素而异。利润率较高的产品可以承受相对较低的ROAS，而利润空间有限的产品则需要更高的ROAS来维持运营。卖家应结合自身产品特点，确定合理的ROAS目标区间。

广告预算应保有一定的灵活性和可调整空间，以应对市场环境和竞争格局的变化。故步自封的预算安排可能导致错失良机或陷入被动。例如在热销旺季，适度增加广告投入可以抢占更多流量，提升销量和排名；在淡季或竞争加剧时，则需要控制广告支出，降低运营成本。同时，对于新品推广或节日促销等重点营销项目，也应单独制订预算计划，集中资源力量，以期达到事半功倍的效果。

（二）选择广告的类型与投放时间

广告类型的选择直接影响到广告的展示形式和传达效果，而投放时间则决定了广告触达目标受众的时机和频次。只有在合适的时间投放恰当的广告类型，才能最大限度地提升广告效果，实现营销目标。

就广告类型而言，跨境电商平台通常提供多种选择，如横幅广告、信息流广告、视频广告等。不同类型的广告在展示方式、互动形式上各有特点。横幅广告醒目易见，能够快速吸引用户注意力；信息流广告融入用户浏览的自然体验中，具有更强的原生属性；视频广告生动直观，能够全方位展示产品卖点。跨境卖家需要根据自身的产品特性、受众偏好，权衡不同广告类型的优劣，进而做出选择。

投放时间的选择需要考虑目标市场的购物习惯和节奏。通过分析平台历史数据，卖家可以洞察不同时段的流量分布和转化情况，进而锁定投放的黄金时段。例如，欧美市场的用户通常在工作日午休或晚间有更多的闲暇时间浏览购物，因此这两个时段的广告投放往往能获得更高的点击率和转化率。

重大节假日是跨境卖家重点布局的投放时机。在节日期间，消费者的购物热情空前高涨，广告的触达效果也会成倍提升。卖家可以提前为这些重要节点制订详细的广告投放计划，集中资源投入，以期在激烈的竞争中抢得先机。

广告投放并非越多越好。过于频繁的广告展示反而可能引起用户的反感，降低广告的点击率和转化率。卖家需要根据广告预算和营销目标，控制广告投放的频次和密度，避免过度营销带来的负面影响。

（三）跟踪广告投放的效果与调整策略

通过持续监测广告点击率、转化率等关键指标，跨境电商企业可以全面评估广告投放的有效性，识别出表现优异的广告创意和投放渠道，并据此动态调整广告预算分配。这一过程不仅能够提升广告投资回报率（ROI），还能够帮助企业建立起数据驱动的营销决策机制，从而在激烈的市场竞争中占据优势。

跟踪广告效果需要建立完善的数据采集和分析体系。企业应当针对不同广告渠道设置合理的效果追踪指标；还要充分利用各广告平台提供的数据分析工具，实时获取用户行为数据，深入洞察广告效果。

在数据采集的基础上，跨境电商企业还需要进行系统的数据分析和挖掘。一方面，要通过对比分析不同广告的关键指标表现，判断哪些创意、文案、图片、视频等元素能够有效吸引目标用户，提升广告点击率和转化率。另一方面，要运用 RFM（最近购买时间、购买频率、购买金额）等模型，识别高价值用户群体，并有针对性地开展广告重定向，提高广告投放的精准度。

数据分析的结果最终要落实到广告优化实践中。对于表现欠佳的广告，要及时叫停投放，避免预算浪费。对于效果突出的广告，则应增加投放预算，扩大品牌影响力和市场份额。还可以借鉴优秀广告的成功经验，对广告创意、投放时段、受众定向等进行优化组合，不断提升广告整体效果。

跨境电商企业需要建立常态化的广告效果跟踪机制，持续监测关键指标变化，并根据市场环境、消费者偏好等因素的变化，及时调整广告策略。只有以数据为驱动、以优化为导向，才能真正实现广告投放效果的最大化。

四、数据分析与效果评估

（一）利用数据分析工具监控销售情况

通过实时监控销售数据，电商运营者能够及时掌握产品的销售情况，洞察消费者的购买行为，从而做出有数据支撑的决策。这不仅有助于优化产品策略、提高运营效率，更能够为企业的长远发展提供坚实基础。

在跨境电商领域，大数据分析技术已经成为企业制胜的关键。通过对海量销售数据进行采集、清洗、分析和挖掘，电商运营者能够全面了解消费者的偏好、习惯和需求，精准把握市场动态和竞争态势。例如，通过分析不同时段、不同地区的销售数据，运营者可以发现产品销量的周期性规律，提前做好备货和促销计划；又如，通过对消费者行为数据进行聚类分析，运营者能够识别出不同的客户群体，有针对性地开展营销活动，提升转化率和客单价。

数据分析工具的应用能够帮助跨境电商企业优化产品结构，提升供应链管理水平。通过分析不同产品的销售数据，运营者可以及时调整商品结构，淘汰滞销产品，引入热销新品，最大限度地满足消费者需求。同时，数据分析还能够为库存管理、物流优化提供决策依据。例如，通过分析历史销售数据和市场趋势，运营者可以更精准地预测未来一段时间的销售量，合理安排采购和仓储，减少库存积压和缺货风险；又如，通过分析不同物流渠道的时效和成本数据，运营者能够选择最优的配送方案，在保证时效的同时降低物流成本。

数据分析工具在跨境电商营销决策中也有着广泛应用。通过分析营销活动的效果数据，如点击率、转化率、投入产出比等，运营者可以评估不同营销策略的 ROI，优化资源配置，提高营销效率。例如，通过 A/B 测试比较不同广告创意的效果数据，运营者可以筛选出最优的创意方案，提升广告投放效果；又如，通过分析不同渠道的流量数据和转化数据，运营者能够识别出高 ROI 渠道，加大投入力度，实现精准营销。

（二）评估营销活动的 ROI

要科学评估营销活动的 ROI，就需要建立完善的数据追踪与分析体系。通过在网站、社交媒体、广告平台等渠道设置追踪代码，企业可以全面收集用户的行为数据，如点击率、转化率、订单金额等。同时，还应统计各营销活动的投入成本，包括广告费用、人力成本、时间成本等。只有做到数据的完整性和准确性，才能为 ROI 评估奠定基础。

ROI 评估结果可以帮助企业判断营销活动的成效，识别性价比高的营销渠道和手段。对于 ROI 较高的活动，企业可以考虑加大投入，扩大影响力；对于 ROI 较低的活动，则应分析原因，适时调整策略。例如，如果发现某一社交媒体平台的推广效果不佳，可能是因为受众定位不精准或内容吸引力不足，企业就需要及时优化营销方案。

ROI 评估不应局限于单次营销活动，而应放在整个营销策略的大背景下考量。一些营销活动如品牌宣传，可能不会立竿见影地带来销售转化，但对提升品牌形象、培养用户忠诚度有着重要作用，从长远来看仍有投资价值。因此，跨境电商企业在评估 ROI 时，既要“见树木”，精细管理每一项营销投入；也要“见森林”，统筹考虑营销组合的整体效果。

ROI 评估的最终目的，是为企业的营销决策和资源配置提供参考。通过系统评估不同营销渠道、内容、时间节点的投入产出情况，企业可以优化整合营销策略，实现营销预算的高效分配。这一切都有赖于评估过程的科学性、全面性和持续性。

（三）调整营销策略以提高转化率

数据分析是营销决策的关键依据，它为企业提供了洞察消费者行为、优化营销策略的重要途径。在跨境电商平台营销中，利用数据分析工具监控销售情况，能够帮助企业更精准地把握市场动态，做出有数据支撑的决策。通过跟踪销售数据的变化趋势，企业可以及时发现产品销量的上升或下降，分析其背后的原因，如价格调整、促销活动、竞争对手策略等，从而及时调整自身的营销策略。

数据分析能够帮助企业评估营销活动的投资回报率（ROI），为未来的投资决策提供参考。通过对比营销活动前后的销售数据，计算营销支出与销售增长之间的比例，企业可以判断哪些营销活动取得了良好的效果，值得继续投入，哪些活动效果不佳，需要及时调整或停止。这种基于数据的评估方式，可以有效提高企业的营销预算分配效率，避免资源浪费。

数据分析是优化营销策略、提高转化率的重要手段。通过分析消费者在平台上的浏览、搜索、下单等行为数据，企业可以洞察其购买偏好和决策路径，找出影响转化的关键因素。例如，企业可以分析不同时段的访问量和下单量数据，优化营销活动的投放时间；分析不同流量来源的转化率，调整营销渠道策略；分析不同客户群体的购买行为，开发针对性的营销方案。通过这些数据驱动的营销优化措施，企业可以提高营销的精准度和有效性，提升转化率和投资回报。

参考文献

[1] 袁艺舟. 跨境电商品牌营销 [M]. 西安：西安交通大学出版社，2023.

[2] 沈玉燕. 跨境电商品牌管理 [M]. 北京：电子工业出版社，2023.

[3] 魏利平. 跨境电商平台用户生成内容质量对品牌依恋的影响机制研究 [M]. 北京：经济管理出版社，2022.

[4] 孙天慧. 跨境电子商务运营实务 [M]. 武汉：武汉大学出版社，2021.

[5] 王昆，赵畅，苏航. 跨境电子商务运营实务 [M]. 北京：清华大学出版社，2022.

[6] 余敏，刘柳锋. 跨境电商运营实务 [M]. 厦门：厦门大学出版社，2022.

[7] 李毅. 跨境电商运营实战攻略 [M]. 长春：吉林大学出版社，2022.

[8] 龙朝晖，刘蓓. 跨境电子商务推广 [M]. 北京：高等教育出版社，2020.

[9] 王冰. 跨境电子商务基础 [M]. 重庆：重庆大学出版社，2020.

[10] 姚岗. 跨境电子商务营销实务：国际站 [M]. 北京：电子工业出版社，2022.

[11] 孟雯雯，孙智贤，闫静雯. 跨境电子商务营销与策划 [M]. 北京：北京理工大学出版社，2021.

[12] 祖旭，陈佳莹，王冲. 跨境电子商务海外营销实践 [M]. 北京：清华大学出版社，2023.

[13] 陈璇. 跨境电子商务网络营销 [M]. 北京：电子工业出版社，2021.

[14] 隋东旭，邹益民，刘佳禄. 跨境电子商务网络营销 [M]. 北京：清华大学出版社，2024.